Lala♪ Citta
ララチッタ
時尚‧可愛‧慢步樂活旅

米蘭‧威尼斯

這是什麼呢？

（答案在P2）

U0076786

Lala Citta是義大利文的「城市＝La Citta」，
和享受輕快旅行印象綜合而成的用語。
書中匯集了最新美食和熱門時裝街、
引發熱烈討論的餐酒館、藝術景點等⋯
不可錯過的旅遊時尚新主題。
當你在想「今天要做什麼呢」時
就翻翻這本書吧。
歡樂旅遊的各種創意都在書中。

米蘭・威尼斯
Contents

地圖記號							
🏛 …世界遺產	🗺 …需預約	S …單人住宿於單人房或雙人房時的費用（房費）	🏊 …有泳池
…必訪景點	…有英文版菜單	T …雙人房1晚的住宿費用（房費）	🏋 …有健身房
…最佳觀景點	…有諳英語的員工	★ …政府評鑑的1～5顆星等級	…交通
…30分鐘左右	…著裝規定	…有餐廳	…地址
…30～120分鐘			…電話號碼
…120分鐘以上			…開館時間、營業時間
			…公休
			…費用

\ 可以拆下帶著走 /

別冊MAP

Milano 米蘭

米蘭位居義大利經濟和時尚界的中心，同時也對足球界等體壇有著極大的影響力。1976年開始舉辦米蘭時裝週，1980年代由於亞曼尼和凡賽斯等設計師逐漸嶄露頭角，使得米蘭成為了聞名全球的時尚之都，也是現今知名的最新時尚發源地。

※ 世界遺產

●聖瑪利亞感恩教堂
　和道明會修道院

米蘭唯一的世界遺產。其中最精彩的莫過於李奧納多·達文西在教會食堂畫下的「最後的晚餐」。

※ 觀光焦點

●經典路線→P16
●『最後的晚餐』→P6、18
●米蘭大教堂→P6、22

※ 必嘗美食

●米蘭&倫巴底菜色→P8、45
●創意餐點→P8

※ 購物

●名牌精品街→P26
●義大利雜貨→P10、20、30
●米蘭伴手禮→P12、34

旅遊常識

●正式國名、都市名
　義大利共和國
　米蘭（倫巴底大區）
　威尼斯（威尼托大區）
●國歌　馬梅利之歌
●國旗　三色旗　●政治體系　共和制
●人口／面積（義大利）
　約6080萬人／約30萬平方公里（2014年）
●言語　義大利語

匯率

€1＝35.85元
（2015年8月時）

通用貨幣為歐元（€）和輔助貨幣歐分（¢）。高面額紙鈔較不易備用，身上多準備€1等的硬幣能使旅途更加順途。詳情請見→P118。

簽證

90天內的
觀光可免簽證

180天內，觀光目的的停留時間最多90天，可享免簽待遇。該護照在離開義大利時，最少仍需有3個月的效期。詳情請見→P112。

時差

－7小時

義大利和台灣的時差為－7小時。由於採用夏令時間，3月最終週日的上午2時～10月最終週日上午2時時間，時差為－6小時。

米蘭·威尼斯歷史年表

米蘭

313年●根據米蘭詔書，君士坦丁承認基督教
568年●北方的倫巴底人入侵
11世紀中葉●城市自治體成立
1162年●神聖羅馬帝國腓特烈一世入侵
1167年●倫巴底同盟成立
1277年●維斯康提家族統治米蘭
1386年●米蘭大教堂動工
1395年●維斯康提家族成為米蘭大公
1450年●史豐哲家族成為米蘭大公
1498年●達文西完成『最後的晚餐』

AD~　　　1100~　　　1400~

威尼斯

6世紀左右●日耳曼人開始入侵，移居到潟湖諸島
697年●選出第一任元首總督，確立共和制
828年●買下聖馬可的遺骨。聖馬可大教堂動工
829年●聖馬可大教堂落成
1200年左右●威尼斯繁盛期
1204年●參加第四次十字軍東征
1271年●馬可波羅遠渡東方
1381年●於基奧賈戰爭擊敗熱那亞
1389～1454年●領土擴大至義大利北部

威尼斯
Venezia

中世紀威尼斯因海運發達而繁榮一時，並擁有「地中海女王」的美稱。至今仍有無數條運河與迷宮般的小路縱橫交錯，呈現一幅美麗獨特的水上風光。歷史悠久的聖馬可廣場和現代藝術景點的硬壤區（Dorsoduro）、威尼斯玻璃和面具等特殊工藝品，以及新鮮海產等，充滿豐富的旅遊魅力。

❋ 世界遺產

●威尼斯及其潟湖
在5世紀時的濕地上興建的城市及其周邊，登錄為世界遺產。貢多拉船往來於多得數不清的運河上，以及保有中世紀氛圍、宛如迷宮般的巷弄等，如夢似幻的風景深具吸引力。

❋ 觀光焦點

●經典路線→P66
●聖馬可廣場→P7、74
●貢多拉船遊河→P7、78
●威尼斯畫派畫作＆現代藝術→P7、82

❋ 必嘗美食

●私房的餐酒館→P9
●老牌咖啡廳＆Bacaro→P72
●海鮮→P92

❋ 購物

●傳統工藝品→P11、82、85
●購買名牌→P76

語言	最佳旅遊季節	稅金	小費	治安
英語也OK	春〜秋	消費稅4〜22%	聊表心意即可	人潮擁擠時千萬別大意
飯店和餐廳、名牌精品店等旅客眾多的地方，大多都能以英語溝通。車站等公共設施的指標也多半以義大利語和英語標示。	四季分明，4〜10月的氣候宜人舒適。夏天的氣溫和濕度都比國內來得低，但8月時有許多店家會因長假公休，請多加留意。詳情請見→P119。	購物時會課相當於消費稅的加值營業稅（IVA），稅率視商品品項而異。不過居住於歐盟圈外的旅客適用免稅制度。詳情請見→P123。	支付小費並非義務，而是對於提供的服務表達感謝的心意。以飯店整理房間的床頭小費為基準約€1〜2。高級餐廳則是總金額的10〜15%左右。詳情請見→P122、123。	在車站內和地鐵、觀光名勝等人潮聚集的地方，請小心隨時會遭遇扒手、竊賊。只要一瞬間，包包拉鍊就會被打開，請務必多加留意。

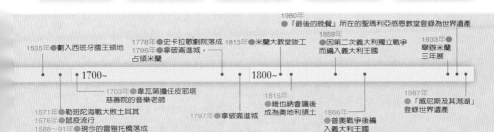

1535年●劃入西班牙國王領地

1571年●勒班陀海戰大敗土耳其
1576年●鼠疫流行
1588〜91年●現今的雷雅托橋落成

1700〜

1703年●韋瓦第擔任皮耶塔慈善院的管樂老師

1778年●史卡拉歌劇院落成
1796年●拿破崙進城，占領米蘭

1797年●拿破崙進城

1800〜

1813年●米蘭大教堂竣工

1815年●維也納會議後成為奧地利領土

1866年●普奧戰爭後編入義大利王國

1859年●因第二次義大利獨立戰爭而編入義大利王國

1980年●『最後的晚餐』所在的聖瑪利亞感恩教堂登錄為世界遺產

1933年●舉辦米蘭三年展

1987年●「威尼斯及其潟湖」登錄世界遺產

＼時尚之都／ # 米蘭&威尼斯

絕對不可錯過的名勝＆藝術作品
城市的美麗景點
Milano

引領義大利的經濟
全國最大的商業都市米蘭。
由紡織業起家
成長為時尚之都。
城市裡仍保留著
華麗建築和藝術作品。

可以爬上
屋頂喔！

藉由電梯或樓梯
登上屋頂，可以
近距離欣賞尖塔
上細部的裝飾和
聖人像

參觀重點！
獻給聖母瑪利
亞的大教堂頂
端，立有黃金
打造的聖母瑪
利亞雕像。

城市的標誌
吞食人的蛇

Duomo →P22
米蘭大教堂

位在環型的街道中心，
象徵著米蘭的大教堂。
近年來進行的大理石清
洗作業已經結束，重新
恢復純白的建築外觀。

夜景也很漂亮

也別錯過晚上點燈後的米蘭
大教堂。門口的大教堂廣場
直到深夜都還很熱鬧

Galleria Vittorio Emanuele II →P24
維托・艾曼紐二世迴廊

1867年為紀念義大利統一而建
造的十字型迴廊。特色是由鋼
鐵和玻璃打造的優美穹頂，描
繪世界四座大陸的濕壁畫和裝
飾著地面的馬賽克地磚都十分
精美。

參觀重點！
據說能實現心願的公牛馬賽克
地磚（→P24），千萬別錯過！

Rondanini Pieta →P43
隆旦尼尼聖殤

在這裡看得到
史豐哲斯可城堡博物館→P43

作品上留有許多粗糙刻痕，雖然
尚未完成，卻是能讓人感受到一
代大師米開朗基羅靈魂的傑作。

參觀重點！
米開朗基羅在
雕刻過程中改
變計畫，將原
本的聖母瑪利
亞像部分重新
雕成耶穌和瑪
利亞。

L'Ultima Cena →P18
『最後的晚餐』

在這裡看得到
聖瑪利亞
感恩教堂→P19

參觀重點！
請站在房間中央，前
後移動，找出能使畫
裡的天花板和實際的
天花板合而為一的位
置。會使作品的透視
效果看起來更加真實。

被譽為李奧納多・達文西的最高傑作，
1498年的作品。藉由人物描繪和透視法
呈現戲劇性的構圖等，可說是文藝復興
畫作集大成的作品，各處都能看到當時
的繪畫技巧。經過修復幾近原圖。

華麗的流行時尚中心米蘭，以及風情萬種的水都威尼斯。
以下為您精選代表義大利北部的2大觀光都市，絕對不容錯過的旅遊重點。

旅行Key Word 8

Venezia

運用城市建在海上的特殊性
中世紀時藉由東西方貿易
盛極一時的威尼斯。
城市四處洋溢東方風情
至今仍然保有許多
歷史悠久的古蹟。

聖馬可大教堂
原本的木造建築已遭焚毀，
如今的教堂是11世紀時以拜
占庭樣式重建的建築

大鐘樓
1904年倒塌後，
於1912年重建的
鐘樓

飽覽潟湖美景！

登上鐘樓的觀景
台，便可360度環
顧四周美景

參觀重點！
聖馬可大教堂正面的半
圓型穹頂上，描繪著從
埃及運回聖馬可遺骨的
故事

城市的標誌
翼獅

最古老的咖啡廳

聖馬可廣場是歐洲
咖啡文化的發源地，創業於
1720年的Caffè Florian（→
P74），以歷史最悠久聞名

Punta della Dogana →**P83**
海關塔美術館
收藏著世界聞名的現代藝
術家作品，作為威尼斯的
新代表性景點吸引旅客爭
相造訪。

Piazza San Marco →**P74**
聖馬可廣場
相當於威尼斯的大門口，是共和國時代的政治、
信仰中心。廣場四周座落著供奉聖馬可遺骨的聖
馬可大教堂、總督宮等雄偉華麗的建築。

參觀重點！
即使沒有時間進入美術館，也能
站在岬角前端，盡情欣賞對岸聖
馬可廣場和大運河的雄偉風光

Gondola Cruise →**P78**
貢多拉船之旅
乘著手划的小船隨波搖晃，
悠閒地沿著運河遊覽的貢多
拉船之旅。有著美麗外觀的
住宅沿著水路一間一間出現
在眼前，可以讓旅客實際感
受到威尼斯確實是依著運河
而建造的城市。

從這裡欣賞！

若想拍攝往來於大運
河的貢多拉船，建議
可至雷雅托橋（→
P80）的露台

貢多拉船夫
諳英語，通過關
於威尼斯歷史、
藝術的考試；近
年來亦出現不少
女性船夫

純手工打造
貢多拉船由280個
以上的零件組裝
而成，主要採用
橡木等木材。全
船純手工

貢多拉小知識
最早出現貢多拉船的文獻記載是在
1094年，作為威尼斯的主要交通工
具，用於載運人和貨物，據說18世
紀時曾有數千艘貢多拉船。現今約
有200～300艘貢多拉船作為觀光用
途。

融合17世紀的
紅傳柱和現代
混凝土牆，安
藤忠雄打造的
建築本身也很
出色

**不容錯過的
建築樣式**

Key Word 2

品味星級主廚的感性

創意餐點

in Milano

在米蘭這座時尚發源城市，連美食界也是不斷進化，推陳出新。以傳統的義大利菜為基礎，由主廚發揮感性創作出的佳餚，是米蘭獨有的美味饗宴。不妨前往米其林星級廚師所在的餐廳，品味嶄新的義大利菜。

以稍微烤過的龍蝦所製成的沙拉風前菜，Insalata di astice alla plancha／Sadler→P47

全球的食材
南美的百香果和婆羅洲的胡椒等，隨著運輸方式的進步，採用原先的義大利菜色中沒有的食材也是一大特色

醬料
使用最新器具，讓液體醬汁呈現泡沫狀，確實地保留原味，卻呈現出輕盈的口感

米蘭的美食界也十分厲害。一定要品嘗看看！

由黑胡椒起司義大利麵、培根蕃茄義大利麵等兩種傳統義大利麵等變化而成的菜色／Sadler

展現出蔬食大師Pietro Leemann精神世界的前菜，Di non solo pane／Joia→P46

※菜色會有變動

1.就連餐具也表現出每一家餐廳的美學　2.也有許多餐廳採用開放式廚房，讓烹調時的情景成為一種表演／Il Marchesino→P46
3.敲破外殼後會飄出帶有香氣煙霧的鳳梨義式冰淇淋／Trussardi Alla Scala→P25

Key Word 3

非吃不可的道地名菜

3道地方美食×2都市

Milano 豐富、濃郁的北義大利口味

米蘭所在的倫巴底大區一帶盛行酪農業，傳統上菜色會大量使用奶油和鮮奶油。其中特徵是金黃色澤的名菜便是以下三道。

Ossobuco
燉牛膝

以番茄醬汁熬煮牛腱，骨髓醬汁搭配軟嫩牛肉一起享用。多半會搭配燉飯。

Risotto alla Milanese
米蘭風
燉飯

將大顆粒的米飯以染上番紅花色澤的牛肉高湯燉煮，再以起司粉增添濃郁香氣和風味的燉飯。

Cotoletta alla Milanese
米蘭風
炸小牛排

將拍平後的小牛肉裹上混入起司粉的麵衣，再用油和奶油煎成的米蘭風味煎肉排。

Venezia 發揮海鮮美味的簡單好滋味

水都威尼斯的菜色主要採用在近海捕獲的豐富海產。採用燒烤和油炸、醃漬等方式簡單地呈現食材的原味。

GranceolaCondita
蟹肉沙拉

將在威尼斯近海捕獲的蜘蛛蟹稍微川燙後，從蟹殼中掏出蟹肉製成沙拉。

Spaghetti al Nero di Seppie
墨魚麵

烏賊墨汁製成的義大利麵。濃郁的醬汁是以烏賊的墨囊和白酒調製而成。

Grigliata Mista di Mare
炭烤什錦
海鮮拼盤

炭烤海鮮拼盤，內容視店家和時期而異，以扇貝、竹蟶、花枝、長臂蝦最為常見。

Key Word 4

家庭風的親切款待
私房的餐酒館

in Venezia

世界級的觀光大城威尼斯，和其他都市相比物價較高是令人頭疼的一點。雖然有許多高級餐廳，但這裡推薦的是長久以來受當地人喜愛的在地餐酒館Trattoria。可以在家庭般氣氛中享受傳統海鮮菜色以及當地的葡萄酒。

1.大多為家族經營的店家，可輕鬆地享用美食是一大賣點 / Al Covo。2.大多是座位有限的小型餐廳，建議提前訂位或早點前往 / Vini da Gigio→P94。3.每天早上雷雅托的魚市場都會擺滿現捕的海產。不妨到這裡尋找時令魚貨

Primo Piatto
經典的海鮮義大利麵Spaghetti alle Vongole€10，是使用蕃茄醬汁的正統威尼斯風味 / Trattoria alla Madonna→P93

Secondo Piatto
酥炸當季海鮮的Fritto misto di pesce€33，搭配前菜、第二道主菜、主餐等8道菜全餐€75 / Al Covo →P94

Antipasto

採用生鮮海產的前菜，Antipasto misto di pesce crudo€24。搭配橄欖油、鹽、檸檬享用 / Vini da Gigio

---

Key Word 5

以Ombra＆Cicchetti乾杯！
Bacaro小酌一杯

in Venezia

Bacaro是威尼斯特有的說法，指的是供應葡萄酒和下酒菜的小酒館。基本上都是站著喝，因此不會待上太久，喝完就前往下一家是這裡的風格。不妨學習當地人，享受喝遍Bacaro的樂趣吧。

1.街上有許多擁有100年以上歷史的Bacaro。照片為1462年創業的Cantina Do Mori→P81。2.稱為Cicchetti的下酒菜陳列在吧檯的玻璃櫃中。可以用手指著點餐。3.用普羅賽柯調和金巴利或艾普羅香甜酒的Spritz是威尼斯著名的調酒

Cicchetti
指的是Bacaro供應的下酒菜，可以單品點選，每樣約€1起

Ombra
1杯約€1，小杯的葡萄酒。雖然店內也有普通的杯裝葡萄酒，但點選Ombra才是內行人的喝法

義大利設計

繽紛色彩＆時尚感相當吸引人

in Milano

Key Word 6

義大利設計的中心都市——米蘭，可以盡情享受購物樂趣。試著尋找有著鮮豔配色、充滿玩心的生活雜貨，以及引領潮流的時尚配件吧。

也有原創商品，請別錯過！
A

和威尼斯知名品牌Roberta di Camerino合作的原創提包€95
A

使用再生棉製成的襯衫€95
B

時裝

創造世界時尚潮流的設計和品質

從國際性的高級名牌到熱門的新興品牌，米蘭引領著世界的時尚潮流。不妨買些不僅重視設計性，也講求高級材質的夢幻商品吧。

使用蠶絲殘料和喀什米爾羊毛製成的披肩€125
B

亦可參考店員的服裝搭配
C

欣賞如同美術藝廊般的店內擺設
B

米蘭當地品牌FAUSTO COLATO的鱷魚皮帶€285
C

使用法國產頂級灰鴨羽絨的Duvetica羽絨外套€400～
D

Don Vanquisher等品牌的女用皮外套€800～
C

製鞋重鎮馬爾凱大區的品牌，Premiata的運動鞋€220～
C

雜貨

兼具玩心和機能性讓每天的生活更加有趣

流行的設計和方便使用的機能性都很吸引人的義大利雜貨。從廚房用品、室內擺飾、甚至還有文具用品，可以好好挑選喜愛的商品。

義式風格的皮製雙色保護套。iPhone用€58、iPad用€98
F

柔軟的皮製筆袋€29.90、嵌有施華洛世奇水鑽的鉛筆1支€3.90
F

義大利設計界大師Alessandro Mendini設計的葡萄酒開瓶器€32
E

生於開羅的設計師Karim Rashid設計的手錶€95
E

牙籤筒和鹽、胡椒罐的套組「Forest Gump」€39。Stefano Giovannoni的作品
E

Shop List

A 10 Corso Como→P31
B Asap→P30
C Garibaldi 104→P30
D Duvetica→P51
E Alessi→P53
F Fabriano→P53

代代相傳的工匠手藝
傳統工藝品 *in Venezia*

在共和國時代和東方諸國貿易往來頻繁的威尼斯，保存許多蘊含東方神秘魅力的工藝品。展現工匠技術的傳統藝品十分適合當作旅行的紀念品。

收藏用的香檳杯各 €278 Ⓐ

細小馬賽克玻璃拼成的碟子 €130 Ⓐ

威尼斯玻璃

導入13世紀時來自中東敘利亞的技術，威尼斯的玻璃以其細膩的設計揚名全世界。為防止技術外流和避免火災延燒，工坊全部集中在穆拉諾島，因此又稱為穆拉諾玻璃。

古典款的面具也可用來當作個性化的室內擺設 €40 Ⓔ

附手把的半罩式面具適合搭配高雅禮服 €95 Ⓔ

附掛墜的手鍊 €16～

串著玻璃珠的項鍊 €39～ Ⓑ

採用威尼斯玻璃串珠的項鍊 €210～ Ⓒ

散發異國風情的香水瓶 €36～ Ⓓ

面具

威尼斯的嘉年華（狂歡節）中不可或缺的面具，是為了從身分位階解放、隨心所欲地享受慶典而產生的道具。以布料和紙張製作，既輕又堅固，可以放心帶著走。

使用細緻的骨董串珠，純手工製作的項鍊 €230 Ⓒ

採用威尼斯玻璃串珠的項鍊 €210～ Ⓒ

蕾絲和施華洛世奇水鑽等設計，顏色和造型也很多變 €120～ Ⓔ

耳環各 €11～是熱門的平價伴手禮 Ⓒ

Shop List
Ⓐ L'Isola→P95
Ⓑ Artevetromurano→P95
Ⓒ Attombri→P96
Ⓓ F.G.B.→P96
Ⓔ Ca'del Sol→P96

購物途中小憩一下！
極品甜點

義大利的美食中最不能錯過的就是道地的甜點。從古典咖啡廳供應的奢華甜點，到可以外帶輕鬆品嘗的義式冰淇淋等，為您介紹街頭的極品甜點。

提拉米蘇口感濃郁卻不會過甜的招牌甜點 €12.70 Ⓒ

in Venezia

薩赫蛋糕發源自維也納，甜味高雅的巧克力蛋糕1片 €10 Ⓐ

in Milano

義式冰淇淋覆盆子和薄荷巧克力。也有巧克力口味的甜筒 €3 Ⓓ

綜合水果塔使用時令水果，色彩繽紛的甜點 €12.70 Ⓒ

水果塔採用當季水果，鮮甜滋味相當誘人1片 €8～9 Ⓐ

義式冰淇淋香氣清甜的越橘和檸檬的組合。是清爽的夏天代表甜品 €2.50 Ⓑ

Shop List
Ⓐ Caffe Cova→P27
Ⓑ Gelateria Meneghinan→P32
Ⓒ Gran Caffè Lavena→P93
Ⓓ Suso→P94

可攜帶的特選食材

橄欖油和義大利香醋、葡萄酒及起司等，義大利的美味伴手禮相當多元。回國後也能簡單地品嘗道地義大利風味。精選夢幻美味伴手禮！

橄欖油
Olio d'Oliva

隨著產地和製油手法不同，橄欖油的風味也不一樣。最推薦香氣和風味都很豐富的初榨橄欖油。

1.帶有白松露芬芳香氣的調味橄欖油，最適合搭配肉類的義大利麵。€18 Ⓐ
2.DOP指定的加爾達湖產橄欖油。新鮮中略帶青澀感，非常適合佐沙拉和義大利麵。€13.50 Ⓐ
3.添加托斯卡尼產白松露的橄欖油，適合淋在肉類菜色、燉飯、燉煮菜色上。€9.40～ Ⓑ

義大利麵＆醬料
Pasta & Sugo

義大利的麵條據說高達650種以上。不同的義大利麵各有適合搭配的醬汁，不妨好好選購。

4.含鮪魚和鯷魚的番茄醬汁。只要以平底鍋加熱，拌上煮好的麵條即可。€6 Ⓐ
5.可以帶出洋蔥等香辛蔬菜鮮甜滋味的萬用番茄醬汁。也能直接冷拌。€4.80 Ⓐ
6.乾燥類的義大利麵佐料以橄欖油稍微加熱，拌上煮好的義大利麵即可。備有辣味番茄筆管麵等多樣口味。€3.90 Ⓐ
7.特色是麵粉的風味和彈牙口感的細扁麵。適合搭配海鮮類醬料。€3.50 Ⓐ

義大利香醋
Aceto Balsamico

類型由清爽到濃郁，香醋的風味會隨熟成年份變化。可作為最後的調味、或餐點的提味，用途多元。

8.在DOP指定的「傳統香醋」當中熟成25年以上的最高級品。€722 Ⓐ
9.老牌生產商GIUSEPPE GIUSTI的12年熟成義大利香醋。€12.50 Ⓒ
10.墨水瓶造型的容器相當漂亮，10～12年熟成的義大利香醋。€10.80 Ⓑ

葡萄酒
Vino

雖然也有許多平價的優質葡萄酒，既然都到當地了，不妨嘗支代表北義大利的珍藏美酒。

11.在加爾達湖東側生產的Amarone。帶有果香和強烈風味，適合佐肉類菜色和起司。€42 Ⓒ
12.被譽為義大利酒之王的Barolo Monfortino Riserva。最佳年份是1999年的酒。€550 Ⓒ
13.倫巴底大區的Ca' Del Bosco酒莊最自豪的混釀紅葡萄酒巔峰之作。€51 Ⓒ
14.在威尼托大區的Soave釀製，代表義大利的白葡萄酒。清爽帶酸。€9.50 Ⓒ

其他
Altri

適合分送用的點心類伴手禮，以及葡萄酒良伴的起司等，精選一流的商品！

15.帕爾馬特產的硬質起司——帕馬森起司，可以真空包裝購買喜歡的量。切片後淋上義大利香醋也很美味。每1公斤約€27～28 Ⓑ 視熟成度而異。
16.添加松露的奶油。直接塗抹吐司或是煎蛋捲時使用都很美味。€7.80 Ⓐ
17.可可含量85%的黑巧克力，略帶苦味。40個裝。€14.50 Ⓐ
18.只選用肉質厚實的一級品製成的乾燥牛肝菌。濃郁的香氣十分誘人。€21 Ⓐ
18.添加黑松露，香氣豐盈的美乃滋。可以當作生菜的沾醬。€9.80 Ⓑ

Shop List Ⓐ Peck→P35 Ⓑ Salumeria Strada & Zucca→P54 Ⓒ Enoteca Mascari→P96

Milano

1867年建造，美麗的維托·艾曼紐二世迴廊（→P24）是米蘭的最具代表性建築

013

重點一把抓！
Milano區域 Navi

1 Corso Como _{MAP} 別冊P8B2
科摩大道

位在市區北部，十分受到米蘭年輕族群喜愛的地區。該區主要街道科摩大道是一條觀光步道，除了搶占流行先機的精品店外，還聚集許多大型雜貨店和酒吧等。

CHECK! ●複合精品店(→P30)
●Happy Hour(→P36)

最近車站>>> Ⓜ2號線GARIBALDI F.S.站、Ⓜ2號線MOSCOVA站

2 Basilica di Santa Maria delle Grazie
聖瑪利亞感恩教堂周邊 _{MAP} 別冊P10A1

位於市內西側的地區。景點離最近車站有一小段距離，前往時請一邊確認路名。不容錯過的『最後的晚餐』雖開放一般民眾參觀，但因為採預約制，請事先申請。

CHECK! ●最後的晚餐(→P18)
●國立達文西科技博物館(→P44)

最近車站>>> Ⓜ1、2號CADORNA站、Ⓜ2號線S.AMBROGIO站

3 Naviglio _{MAP} 別冊P10A4
納維利歐區

以位在米蘭西南方的運河為中心的地區。充滿老街情懷，運河沿岸散佈著許多利用石砌建築改建成的畫廊、骨董店、酒吧等，在當地人之間也很熱門。

CHECK! ●納維利歐運河(→P33)
●納維利歐跳蚤市場(→P33)

最近車站>>> Ⓜ2號線PORTA GENOVA F.S.站

Parco Sempione
森皮奧內公園周邊 _{MAP} 別冊P8A3~B4

以和平門為起點的森皮奧內大道上，有許多夜間的娛樂場所。曾是維斯康提家族居所的史豐哲斯可城堡也十分值得一去。

保存許多歷史名勝，同時持續引領最新時尚的義大利
第2大都市─米蘭。必看景點都以米蘭大教堂為中心，
分散於四周。參觀時請善加利用縱橫於市區中心的地鐵。

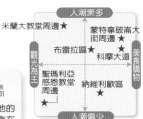

	人潮眾多	
米蘭大教堂周邊★		蒙特拿破崙大街周邊★
布雷拉區★		科摩大道★
	聖瑪利亞感恩教堂周邊★	納維利歐區
	人潮偏少	

（左側：觀光為主　右側：美食購物）

● Stazione Centrale F.S.
米蘭中央車站周邊 MAP 別冊P9D1

除了往來於國內和歐洲各地的
列車，機場發車的巴士也會在
這裡停靠，是米蘭的大門。夜
間的治安不佳，請多加小心。

④ Brera MAP 別冊P12B1

布雷拉區

以布雷拉街為中心，留
有許多石砌建築的地
區。區域內有美術學校，為了吸引立志
成為藝術家的學生和美術相關工作者，
聚集許多個性化且品味
極佳的商店和咖啡廳。

CHECK! ●布雷拉美術館(→P42)

最近車站>>>
Ⓜ2號線LANZA

⑤ Via Montenapoleone MAP 別冊P13C2

蒙特拿破崙
大街周邊

世界最新潮流的傳播地。蒙特拿破崙
大街以及平行的史皮卡大道上，有不少義
大利的代表性品牌，林立著許多來自世
界各國的高級服飾店、品味非凡的複合
精品店。

CHECK!
●採購名牌(→P26、50)
●波爾迪·佩佐利博物館(→P43)
●巴格帝·瓦塞奇博物館(→P43)

最近車站>>>
Ⓜ3號線MONTE
NAPOLEONE站、
Ⓜ1號線SAN
BABILA站

⑥ Duomo MAP 別冊P13C4

米蘭大教堂周邊

以相當於米蘭地標的哥德式建築─米蘭大教
堂為中心的區域。附近還有史卡拉歌劇院和
維托·艾曼紐二世迴廊等眾多觀光景點，是
米蘭觀光的最佳據點。

CHECK!
●米蘭大教堂(→P22)
●維托·艾曼紐二世迴廊(→P24)
●史卡拉歌劇院(→P24)

最近車站>>>
Ⓜ1、3號線DUOMO站

① 米蘭大教堂 →P22

135座尖塔朝天聳立，是哥德式建築的最高傑作。也別錯過內部裝飾的彩繪玻璃！

來一份米蘭著名的街頭美食，Luini（MAP／別冊P13C3）的油炸三明治！

**③ 聖瑪利亞
　感恩教堂** →P19

一輩子要去看一次！李奧納多達文西的最高傑作『最後的晚餐』。

**② 維托·艾曼紐
　二世迴廊** →P24

冠上義大利首位國王名字的優美拱廊。PRADA的總店就在這裡。

Milano
經·典·路·線

城市地標米蘭大教堂、世界遺產『最後的晚餐』是米蘭的2大必訪景點。
走訪可以欣賞精彩藝術作品的景點，以及引領最新流行的購物區，
盡情享受時尚之都米蘭獨有、華麗的一天！

美味的米蘭午餐！

START
M1、3號線DUOMO站
　步行1分
09:00
① 米蘭大教堂
　步行1分
10:00
② 維托·艾曼紐二世迴廊
地鐵10分＋步行10分或是步行30分
11:00
③ 聖瑪利亞感恩教堂
　步行15分
13:00
④ 史豐哲斯可城堡
地鐵10分＋步行5分或是步行25分
14:30
⑤ 科摩大道
　步行20分
16:00
⑥ 布雷拉美術館
　步行15分
18:00
⑦ 蒙特拿破崙大街
　步行5分
GOAL
M1號線SAN BABILA站

請嘗嘗招牌的油炸三明治Panzerotti！

『最後的晚餐』別忘了預定門票！

推薦奶香濃郁的道地卡布奇諾！

④史豐哲斯可城堡 →P43

米蘭的領主，維斯康提家和史豐哲家建造的古城。米開朗基羅的『隆旦尼尼聖殤』是參觀重點！

逛逛走在流行尖端的精品店

用餐時推薦嚐米蘭風炸小牛排和燉飯等在地著名餐點

⑤科摩大道 →P30

不論男女老少都很喜愛的購物街。跟著米蘭最新潮流展開大採購！

休息時的點心就選道地的提拉米蘇

⑦蒙特拿破崙大街 →P26

高級名牌精品店林立的購物街。可以盡情徜徉在華麗的氛圍中。

⑥布雷拉美術館 →P42

欣賞15～18世紀的義大利名畫。目標是拉斐爾的『聖母的婚禮』、卡拉瓦喬的『以馬杵斯的晚餐』等畫作。

米蘭中央站　GIOIA　CAIAZZO　Ⓜ LORETO

Porta Garibaldi站　CENTRALE

GARIBALDI F.S.

STAZ. DOMODOSSOLA

科莫大街 ⑤　Ⓜ LIMA

MOSCOVA　REPUBBLICA

Ⓜ　Ⓜ PORTA VENEZIA

TURATI

布雷拉美術館 ⑥

史豐哲斯可城堡 ④　LANZA　**蒙特拿破崙大街 ⑦**

MONTE NAPOLEONE　Ⓜ PALESTRO

BUONARROTI

PAGANO　米蘭北站　Ⓜ CADORNA

WAGNER　CONCILIAZIONE　CAIROLI　**②維托‧艾曼紐二世迴廊**

CORDUSIO　Goal

聖瑪利亞感恩教堂 ③　SAN BABILA

DUOMO　Ⓜ DUOMO　**①米蘭大教堂**

Start

N

0　500m

李奧納多・達文西的最高傑作
鑑賞『最後的晚餐』

猶大 因背叛的預言而驚慌失色，將身體往後傾的人就是叛徒猶大。猶大的右手正抓著出賣耶穌得來、裝著銀幣的錢袋。

光環 達文西並沒有畫出基督像中一定會出現的光環，而是藉由在耶穌背後畫上大窗戶，以明亮的光線取代背後的光環。

桌巾 桌巾上畫有摺痕，不難想像原先整齊摺好的樣子。兩側的圖樣等細膩的呈現是達文西特有的手法。

耶穌的嘴部 仔細看會發現耶穌的嘴巴微微張開。表現出述說預言「我確實地告訴你們：你們當中有一個人要出賣我。」的瞬間。

餐桌 膨起的麵包質感，以及具有層次變化的葡萄酒顏色等，也請留意桌上的物品。甚至是錫盤上盛裝的水果倒映在盤中的影子都畫了出來。

〔 **欣賞重點** 〕 『最後的晚餐』是自達文西不斷研究、摸索出的成果中誕生的一幅傑作。以下為您介紹3大欣賞重點，在實際欣賞壁畫時可以更加地了解這幅名畫。

▶ Point.1

面對耶穌說出的話語，藉由臉部的神情、手和身體動作等，寫實地呈現出12門徒各自不同的反應。畫面當中描繪出緊張、悲傷、苦惱、困惑、恐懼等各種不同的情感表現。

▶ Point.2

在桌子的同一側畫上13個人的構圖，是藝術史上首度的嘗試。加上達文西以耶穌為中心，將12門徒分成每3人1組，左右對稱的配置使畫面看起來井然有序，呈現出更加具有戲劇效果的場景。此外，嚴謹的透視法也是這幅畫作的特色，畫的中心曾打上釘子綁上細繩，放射狀拉出基準線，藉此在線上畫出人像和物品。修復過程中，在耶穌的太陽穴處發現釘痕，因而確認消失點的位置。

▶ Point.3

不光是在人物上下工夫，達文西也細膩地描繪了晚餐的桌上放置的餐具和食物、桌巾的質感等細節。當時的義大利只著重於人物描繪，在靜物上並不多加著墨的時代，達文西描繪的餐桌可說是嶄新的突破。

『最後的晚餐』
L'Ultima Cena
李奧納多‧達文西（1495～98年作）

猶太人的三大節慶之一「逾越節」為畫作背景。
知悉自己將死的耶穌基督告訴12門徒
叛徒就在眾人之中的畫面，
是無數畫家創作的題材。
但是達文西在構圖和人物表情上精心勾勒，
創作出這幅流傳後世的巨作。

圍著耶穌基督的12門徒

Ⓐ 巴多羅買…多羅買之子。撰寫福音書並至印度傳教

Ⓑ 小雅各…據說耶穌被釘於十字架受刑時，就在一旁觀看

Ⓒ 安得烈…加利利海的漁夫，彼得的弟弟。一生致力於傳教

Ⓓ 猶大…耶穌口中的叛徒。手上握有裝著銀幣的袋子

Ⓔ 彼得…耶穌基督的第一位門徒。畫中描繪出彼得握著刀子，
打算殺了叛徒般激動的樣子

Ⓕ 約翰…12門徒中最為年少的一位。和大、小雅各一同成為門徒。
四處傳教

Ⓖ 多馬…據說是冷靜且具有實證精神的人

Ⓗ 大雅各…約翰的兄弟，也是耶穌基督的親信

Ⓘ 腓力…據說在最後的晚餐時，請求耶穌讓自己看見創造主

Ⓙ 馬太…據傳馬太原為稅吏。也有一說是「馬太福音」的撰寫者

Ⓚ 達太…名字意為母親的胸脯，據說是富有愛心的人

Ⓛ 西門…期待耶穌自羅馬帝國手上解放以色列人

『最後的晚餐』就在這裡！

聖瑪利亞
感恩教堂 MAP 別冊P10A1
Basilica di Santa Maria delle Grazie

混合哥德式和文藝復興樣式的修道院。1463年在米蘭領主法蘭契斯可‧史豐哲的援助下開始建造，1490年時完成大部分的建築。盧多維可‧史豐哲為了將教堂作為家族的家廟，委託布拉曼帖設計成「米蘭最美麗的修道院」。

🚇 Ⓜ 1‧2號線CADORNA站步行10分
📞 (02) 4676111 ⏰ 教堂：7～12時、15時～19時30分（週日、假日7時30分～12時30分、15時30分～21時）💰 免費
『最後的晚餐』⏰ 8時15分～19時（18時45分截止入場）🈺 週一 💰 €8（含預約手續費）

修道院內部圖

（修道院內部圖平面圖標示）
持有門票者可進入的區域／舊聖器室／小迴廊／新聖器室／入口／透過相連的入口，有工作人員／在這個位置附近更換電子郵件等等的票／大迴廊／玻璃門／最後的晚餐／教堂／有掃描門票條碼的工作人員的入口／持有預約票的顧客／各個進入順序的隊伍／商店／廁所／15分鐘前，就到間門口等候導遊的集合／每個進入順序

參觀小建議

➤‧需預約
2～3個月前開始受理電話和網路的預約。由於非常熱門，不保證一定可以預約到指定的日期，因此一旦決定旅行日期建議盡早預約。此外，雖然需花費手續費，但可以請旅行代理店代為預約，不妨洽詢看看。1次的參觀時間約15分，30人入場。

➤‧網路預約
登錄 🔗 www.vivaticket.it/?op=cenacoloVinciano（英語），依循畫面指示預約。採刷卡結帳，因此手邊請準備信用卡。完成預約後會收到確認的電子郵件，請列印當天攜帶前往換票。一旦預約後便不能變更或取消，務必留意。※也有視網頁狀況而暫停售票的期間。

➤‧電話預約
📞 02-92800360
○週一～六的8時～18時30分受理預約。週日公休。可依需求請英語客服人員接聽，請告知預約日期和人數資訊。預約成功後會取得一組預約編號。
○由台灣撥號時，請先撥各電信業者

的國際長途區域識別碼→39（義大利的國碼）→02（米蘭區碼，不需拿掉0），再撥打92800360即可。國際電話撥打方法請見P120。

➤‧當天注意事項
當天至少需在預約時間的20分鐘前到場。如為電話預約，請在櫃檯告知預約編號並支付入場費€8（含預約手續費），只要購票即可入內參觀。忘記預約編號、或是遲到時便無法取票，請務必多加留意。

➤‧如無法預約時
方法❶ 利用觀光行程巴士
米蘭起訖的市內觀光行程當中，也有保證可以參觀『最後的晚餐』的行程。雖然因為是英語導覽價格較高，不過➡加P25市內觀光的行程也是一種方法。
方法❷ 衝過去碰碰運氣
雖然機會渺茫，不過也是有因取消而空出的門票。如果時間充裕，當天可以試著前往櫃檯確認。不過候位的隊伍有時會大排長龍，因此建議早點前往。

周邊商品 CHECK！

仿造真跡將
『最後的晚餐』
印在石板上
的石膏畫€12～60

『最後的晚餐』
滑鼠墊€8

印有達文西
作品的磁鐵書籤
€3.50

"在設計之都就選這個送自己當紀念！"

指定購買！ 精選夢幻逸品

米蘭最令人期待的就是購物樂趣。街上林立著許多在國內也很常見的高級品牌，
不過最推薦的是米蘭人鍾愛的當地獨家商品。

01 Porselli

Porselli的 "芭蕾舞鞋"

位於史卡拉歌劇院附近，芭蕾舞伶們指定的老店。貼有鞋墊的休閒鞋款，是米蘭女性必備的單品。貼合腳部的舒適感，以及豐富的色彩款式是該品牌的魅力所在。

SHOP●Porselli→P52

在米蘭近郊的工坊
手工製作的戶外用
芭蕾舞鞋
€90～

專業舞者愛用
的實在品質

連帽羽絨背心約
€300。每年改款

連帽羽絨外套
約€500

02 Duvetica

Duvetica的 "羽絨衣"

由曾任職於熱門品牌「Moncler」的員工成立，來自北義大利的羽絨衣品牌。採用灰鴨頂級羽絨的羽絨衣既輕又暖，日劇「家政婦女王」劇中女主角穿著的就是該品牌商品，引發熱烈討論。

SHOP●Duvetica→P52

縫合技術緊密牢靠、非常
耐用的包款€200～

F.Clio

03

F.Clio的 "尼龍包"

該品牌以熟練的工匠純手工縫製的提包而聞名。手提包結合牢固且彈性極佳的尼龍和皮革，也可作為公事包，造型優雅。

SHOP●F.Clio→P52

04 Moleskine

Moleskine的 "記事本"

誕生自法國，畢卡索和梵谷、海明威等知名人士愛用的記事本。停止生產後，1997年由米蘭的出版社接手製造，推出許多兼具傳統和現代元素、充滿義大利風格的系列。

附地圖的
城市筆記本，最適合
紀錄旅程回憶

SHOP●Design Supermarket
→P52
High-Tech→P52

傳統的黑封面上加上創意設計
最新系列各€13.50

托特包 €40的
大小和設計都
很多樣

動物插畫的
T恤 €50

色彩繽紛的徽章
3個 €15，可
以四處分送

05 10 Corso Como

10 Corso Como的 "原創商品"

創造米蘭流行的時尚教主推出的精品店。和實力
堅強的設計師合作的原創設計商品，走在現今全
球矚目的時尚最前線。

SHOP● 10 Corso Como→P31

06 Alessi

Alessi的 "葡萄酒開瓶器"

結合全球的設計師推出個
性化廚房用品的Alessi。
米蘭設計界的大師
Alessandro Mendini打造
的葡萄酒開瓶器是永恆的
經典之作。

SHOP●
Alessi→P53

專業侍酒師愛
用的Parrot €39

充滿Alessi風格、
繽紛配色的
開瓶器 €30

布製筆袋 €38

07

Fabriano的 "文具"

不只文藝復興時期的畫家愛用，也供應歐元
紙鈔使用原料的紙廠Fabriano。採用歷史悠
久的Fabriano紙的筆記本等，充滿設計性的
文具肯定能激發創作欲望。

SHOP● Fabriano→P53

筆記本 €3~採用達文西
也用過的傳統紙張

 *Fabriano*

08 Seletti

Seletti的 "Estetico"

以充滿玩心的設計餐具聞名的Seletti，熱門的
Estetico系列是模仿寶特瓶和紙杯等拋棄式容器造
型的餐具，適合應用於簡單高雅的生活風格。

SHOP● Design Supermarket→P52
High-Tech→P31

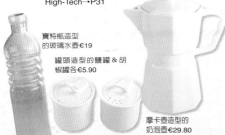

寶特瓶造型
的玻璃水壺 €19

罐頭造型的鹽罐 & 胡
椒罐各 €5.90

摩卡壺造型的
奶泡壺 €29.80

喀什米爾羊毛內襯的
鹿皮手套 €120

09 Sermoneta Gloves

Sermoneta Gloves的 "皮手套"

在世界各國展店、來自義大
利的手套品牌。山羊皮、鹿
皮、野豬皮等的嚴選皮革，
以及喀什米爾羊毛的內襯
等，非常講究材質的手套價
格十分合理。義大利風格的
色彩款式相當吸引人。

SHOP● Sermoneta Gloves→P28

設計簡單的絲質
內襯皮手套 €65

米蘭玩樂行程

COURSE♪1

走訪米蘭觀光必看景點

米蘭大教堂周邊漫遊

走訪米蘭各觀光景點的推薦行程。米蘭主要的景點並不多，而且景點均散布在以米蘭大教堂為中心，步行可至的範圍內。一邊欣賞街上熙來攘往、穿著時尚的行人和石砌建築景觀，一邊散步，更能徜徉在米蘭風情之中。

行程比較表

逛街指數	♪♪♪	移動範圍並不大，意外地輕鬆
美食指數	♪♪♪	大教堂廣場和迴廊有許多美食
購物指數	♪♪♪	迴廊有知名品牌進駐
美麗指數	♪	並無美妝景點
文化指數	♪♪♪	哥德式的米蘭大教堂等眾多景點
推薦時段	建議9時左右開始行程	
所需時間	約4小時	
費用預算	入場費€24＋餐費€60上下、茶資€10上下	

🚇M1・3號線DUOMO站步行即到

1 米蘭大教堂
面向米蘭大教堂
右手邊就是迴廊。步行即到

2 維托・艾曼紐二世迴廊
往北穿過迴廊即到史卡拉廣場。步行1分

3 史卡拉歌劇院
面向史卡拉歌劇院
右手邊的白色建築。步行即到

4 Trussardi Alla Scala 享用午餐
面向史卡拉歌劇院往右側的威爾第街Via G. Verdi。步行2分

威爾第街。步行2分
面向史卡拉歌劇院往右側的

4 Caffè Verdi喝咖啡
由梅達廣場前往蒙特拿破崙大街→維托・艾曼紐二世大道購物。購買足球隊的官方球衣。步行30分。

大教堂站

米蘭大教堂 建築歷史

1386年動工。由曾是米蘭公國領主的維斯康提（Gian Galeazzo Visconti）下令建造，以獻給聖母瑪利亞。多次的戰爭造成工程幾度停擺，但最後在侵略義大利的拿破崙命令下，終於在1813年完工。

1 米蘭大教堂 MAP 別冊P13C4
Duomo

氣氛莊嚴肅穆的米蘭地標 華麗的哥德式教堂

歷經約500年光陰才完工的哥德式教堂。最大的特色是裝飾著金銀工藝、135座參天聳立的尖塔，以及3500尊裝設在牆面和柱子上、表情各異的雕像。高度最高達108.5公尺的中央尖塔上立有黃金瑪利亞像。教堂的規模號稱世界第2大，其壓倒性的存在感和細膩的雕刻令世人為之傾倒。（→P6）

DATA
🚇M1・3號線DUOMO站步行即到
🏠Piazza del Duomo　📞(02)72022656
🕐7時～18時40分。屋頂9時～18時30分、入場～18時（5月中旬～9月中旬的週五、六～21時30分，入場～21時）※售票至30分前截止　🈳無休　💰免費（往屋頂搭電梯€12、階梯€7）

重點資訊！
內部兩側皆裝有彩繪玻璃，面對主祭壇的右側色彩較為豐富，推薦在陽光會照射進室內的上午前往參觀。

建築後方
最能體會哥德式建築精髓的部分。精美的雕刻非常值得一看。

彩繪玻璃
最古老的彩繪玻璃位在後側大窗戶上，是1400年代的作品。描繪的主題是耶穌和十字架等。

內部和主祭壇
立有52根石柱的建築內部，氣氛莊嚴肅穆。中央的主祭壇為羅馬聖母大教堂時代所造，有著以4根柱子撐起，稱為「Tiburio」的圓頂。

Via Brera
Via dell'Orso
Via G. Verdi
Via Alessandro Manzoni
蒙特拿破崙站
MONTENAPOLEONE
蒙特拿破崙大街
Via Monte Napoleone
武士大道
Corso Venezia

Caffè Verdi ④

史卡拉歌劇院 ③
史卡拉歌劇院博物館
Trussardi ④
Alla Scala

Via Pietro Verri
梅達廣場
史卡拉廣場
聖巴比拉廣場
SAN BABILA站

CORDUSIO站
維托·艾曼紐
二世迴廊
Solo Inter ②
維托·艾曼紐二世大道
Corso V. Emanuele II

Milan
Megastore

大教堂站
DUOMO

大教堂站
DUOMO
大教堂廣場
① 米蘭大教堂
大教堂博物館

Corso Europa
V. Durini

實點看過來

大教堂中央的尖塔頂端立有「黃金瑪利亞像（Madonnina）」。在市民心中是象徵慈愛的女神，傳說只要向祂許下想要再來米蘭的願望，肯定會實現。

屋頂
可更近距離欣賞黃金瑪利亞像和尖塔的地方。也出現在亞蘭·德倫主演的電影『洛可兄弟』一幕。

View

可一覽米蘭市區的觀景地點。夏季20時、冬季16時過後前往可以欣賞日落美景

重點資訊！

通往屋頂的通道，寬度僅供一個人勉強通行，請盡量減少隨身行李。

詳細情報

接續P24

大教堂博物館
Museo del Duomo
MAP 別冊P13C4

展示記載米蘭大教堂建築過程的文書、設計圖等史料的博物館。也展有黃金瑪利亞像的鑄模、米蘭大教堂的大型模型等珍貴的史料。搭 M1、3號線DUOMO站步行即到　Piazza del Duomo　(02)860358　開10～18時(售票～16時50分)　休週一　費€6

大門
正面的5扇門是7～18世紀期間建造的。哥德風格的浮雕是以聖母瑪利亞的一生等題材雕刻而成。

地下聖堂
舉行彌撒的場所。供奉著16世紀時殉職的聖嘉祿。一旁的寶物庫則展示貴重的遺物。

廣場上騎馬的人像是誰？
大教堂正對面立著的騎馬人像是維托里奧·艾曼紐二世。他是1861年時統一義大利、建立王國的第一任義大利國王。

在進入教堂前需通過安全檢查，請出示隨身行李的內容物。

參觀完米蘭大教堂後，在進入迴廊前，別忘了拍張紀念照！

② 維托・艾曼紐二世迴廊

MAP 別冊P12B3

Galleria Vittorio Emanuele II

散發優雅的氣氛 十字型的迴廊

位於大教堂廣場北側，1867年竣工的迴廊購物街。鋼骨結構和玻璃圓頂、精美的裝飾以及地面的馬賽克磚等皆十分出色。迴廊仍保留著當初完工時的樣貌，有許多一流的名牌精品店和餐廳等。（→P6）

DATA
交M1、3號線DUOMO站步行即到

PRADA➡P50

迴廊中央壯觀的玻璃圓頂是參觀重點

La la check!
可以實現心願的魔法

位在迴廊十字路口處的公牛馬賽克地磚，據說只要單腳腳跟踩在公牛胯下旋轉一圈，就能實現願望。由於大批觀光客慕名而來，導致公牛的胯下深深凹陷。

Rizzoli　Borsalino
TownHouse Galleria H　Gucci Cafe
PRADA　Louis Vuitton
A B
D Ricordi Mediastore
Tod's Swarovski
H Park Hyatt Milan
STEFANEL
公牛馬賽克地磚在這裡

別錯過天花板的濕壁畫！
玻璃圓頂四個角落的濕壁畫，分別代表亞洲、歐洲、非洲、美洲4塊大陸。

A B C

穿過迴廊後，眼前便是史卡拉廣場。廣場對面聳立著銀行、市政廳等雄偉的建築。還能看到達文西雕像的背面…

史卡拉歌劇院博物館
Museo Teatrale alla Scala
MAP 別冊P12B3

收藏述說著史卡拉歌劇院和舞台藝術歷史的收藏品。展示作曲家威爾第的親筆樂譜和鋼琴、歌劇的戲服等，還可從頂層樓梯參觀歌劇院內部。交M1、3號線DUOMO站步行5分 住Largo Ghiringhelli 1 電(02)88797473 時9時～12時30分、13時30分～17時30分 ※閉館前30分截止售票 休無休 費€6

參觀歌劇院內部時，還有機會看見排演的情景

③ 史卡拉歌劇院
MAP 別冊P12B3

Teatro alla Scala

造就無數位明星 世界首屈一指的歌劇殿堂

1778年開幕，席捲全球無數歌劇愛好者的歌劇院。名稱的由來是因為歌劇院建在聖瑪利亞史卡拉教堂舊址上。內部有點綴著383顆燈泡、波希米亞玻璃製成的水晶吊燈等豪華裝潢，和簡樸的外觀形成對比。作曲家威爾第和普契尼、指揮家托斯卡尼尼、歌手瑪麗亞卡拉絲等多位明星都出身自該歌劇院。

新古典樣式的建築。特色是三角山牆

Best Shot
和史卡拉歌劇院隔街對望的史卡拉廣場，是推薦的紀念照景點。不只能拍下整座史卡拉歌劇院，還能將廣場上的達文西像和拱廊、遠處的米蘭大教堂一同拍進照片中

DATA
交M1、3號線DUOMO站步行5分
售票處資訊請見→P99

使用墨魚和羊奶起司的
主菜中的一道

烤扇貝。品嘗得
到各種口感。餐
點視季節更換

④ Trussardi Alla Scala

看得見史卡拉廣場
時尚有型的流行餐廳

MAP 別冊P12B3

裝飾著巧克力球的
甜點

熱門品牌Trussardi推出的餐廳。白色和紅色為
基調的店內,是十分舒適宜人的空間,可以安
靜地用餐。餐點主要是採用魚貝類烹調的創意
菜色。精緻的擺盤也值得細細品味。(→P8)

DATA ....
🚇M1、3號線DUOMO站步行5分
📍Piazza della Scala 5 ☎(02)8068
8201🕐12時30分～14時40分、20時～
22時30分 休週日 💰午晚€130～

窗邊的座位可以看見史卡拉廣場

④ Caffé Verdi

鄰近史卡拉歌劇院
充滿古典氣息的咖啡廳

MAP 別冊P12B2

店名源自於擁有名劇「茶花女」等代表
作、義大利歌劇最偉大的作曲家 — 威爾
第。店內也配置著莫札特和貝多芬等人的
石膏像,整個空間都洋溢著音樂藝術的氣
息。除了咖啡以外,也供應許多簡餐,如
奶油培根麵€7等。

DATA ....
🚇1、3號線DUOMO站
步行5分 📍Via Giuseppe
Verdi 6 ☎(02)863880
🕐7～21時 休無休 💰
午晚€20～

↑有很多
與音樂相
關的物品

↓獨家的義式
三明治€5

↑雞尾酒等酒
類€7也很豐富

悠閒享用午餐

稍微休息一下...

穿過街道便是布雷
拉區。若想節省時
間可在這裡左轉往
Via dell'Orso

有很多石板小巷的布
雷拉區。保持悠閒的
心情享受散步樂趣

加碼推薦!
足球迷絕不能錯過!
球隊官方商店

義甲代表性的2支隊伍的
官方商店,就在米蘭大教堂
步行即到的地方。球衣和
周邊商品等伴手禮,非常暢銷。

就位在聖嘉祿
教堂對面的迴
廊中

國際米蘭官方商店
Solo Inter
MAP 別冊P12B3

米蘭大教堂步行即
到。販售可以印上名字
的球衣€85～和雜貨等
國際米蘭的官方商品。
店內也設有售票櫃台,
可以購買主場球賽的
門票。

也有選手的球衣

🚇米蘭大教堂步行1分 📍Via Berchet 1
☎(02)80582044 🕐10時30分～19時30分 休無休

AC米蘭官方商店
Milan Megastore
MAP 別冊P13D3

由維托·艾曼紐二世大道Corso
Vittorio Emanuele II轉進去一條
路,就是AC米蘭的官方商店。寬
敞的店內1F排滿了球衣,2F則販
售各種雜貨。球衣€80～、隊徽
再加€5。

🚇米蘭大教堂步行5分
📍Corso Vittorio Emanuele II,
Galleria San Carlo ☎(02)49580176
🕐10～20時 休無休

印有選手名字的球衣需
再加€15

COURSE♪2

購買夢寐以求的名牌商品！

前往2大名牌精品街
盡情購物趣

米蘭[米蘭]

米蘭為全球時尚的發源地，特別是蒙特拿破崙大街和史皮卡大街，聚集許多來自義大利等地的世界一流品牌的精品店，豐富的設計感加上行家老練的手藝打造出來的優質名牌。出發尋找真正具有價值的名牌精品吧。

行程比較表

逛街指數	♪♪♪	如果仔細走遍周邊，是不小的運動量
美食指數	♪♪	有咖啡廳，但餐廳偏少
購物指數	♪♪♪	一流品牌林立的世界級時裝街
美麗指數	♪♪♪	不可或缺的時尚美學
文化指數	♪♪♪	流行時尚是米蘭歷史的結晶
推薦時段	推薦剛開店的10時左右。傍晚人潮偏多	
所需時間	各街1~2小時左右	
費用預算	消費金額＋餐費€30～40上下	

Via Montenapoleone
蒙特拿破崙大街

Cartier
MAP 別冊P13C2

以珠寶和高級鐘錶聞名的名店

Via Bargospesso

Salvatore Ferragamo

Valentino

Via S. Spirito

Via Gesù

Cartier

蒙特拿破崙大街

Celine ● ● OMEGA ● HOGAN ● Mario Buccellati

0 ─── 50m

地圖

加富爾廣場
Via Alessandro Manzoni
史皮卡大街
Pal. d. Senato
Ⓜ蒙特拿破崙站
蒙特拿破崙大街
威尼斯大街
Corso Venezia
地鐵3號線
Via Alessandro Manzoni
Emporio Armani
Ⓜ蒙特拿破崙站
往蒙特拿破崙站的出入口
聖巴比拉廣場
往大教堂 ⒮SAN BABILA站
N 100m

前往2大名牌精品街的方法

前往蒙特拿破崙大街，搭乘地鐵是最便捷的方式。往ⓂMONTENAPOLEONE站搭乘3號線、往ⓂSAN BABILA站搭乘1號線。蒙特拿破崙大街往史皮卡大街，步行約3分。由1、3號線行經的DUOMO站步行約10～15分。

請在聚集世界名流的街上，優雅地享受購物樂趣

也別錯過網羅休閒風格單品的暢貨中心

①Moroni Gomma

MAP 別冊P13D3

可以找到義大利風伴手禮的生活雜貨百貨公司

↓1F陳列著雜貨

1919年創業的生活雜貨百貨公司，經手雜貨、文具、時尚配件等種類豐富多樣的商品。除了有來自世界各地的獨特雜貨外，也販售偉士牌的皮包、Superga的運動鞋等義大利國內品牌的商品，適合前來尋找義大利獨家的伴手禮。

DATA
◎Ⓜ1號線SAN BABILA站步行3分 ⊞Corso Matteotti 14 ☎(02)796220 ◷10～19時（週日10時30分～19時30分、週一15時～）⧉無休

BENSIMON，自然風格的設計很受歡迎

↑印有偉士牌商標的側背包 €49

❷ René Caovilla MAP 別冊P13C2

**全球名媛鍾愛的品牌
令人嚮往的高級鞋店**

推出和Chanel、Dior等時尚品牌合作的聯名鞋款等，其充滿藝術性的設計和優良品質獲得一定好評的高級鞋專賣店。鑲有威尼斯珍珠的鞋子等多種光彩奪目的鞋款，全都是適合在某些特別的日子裡穿搭的鞋子。

→提包
也售有手

→有螺旋狀的綁帶也很新穎

↓優雅的高跟鞋
€600上下

DATA
🚇M1號線SAN BABILA站步行5分
🏠Via Bagutta 28 📞(02)76319049
🕐10～19時（週├15時～） 🚫週日

ETRO
DATA➡P50
以佩斯利渦紋聞名的熱門名牌店

Louis Vuitton
MAP 別冊P13D3
最新商品總是吸引眾人目光的知名品牌

GUCCI **DATA➡P50**
義大利代表性的一流品牌

(Bagutta) MAP 別冊P13D3

**客層從大眾到知名人士
充滿活力的義大利餐酒館**

約有80年歷史的餐酒館，據說該店是創設義大利最初的文學獎「Bagutta獎」的地方，自當時起就常聚集許多名作家、畫家等藝術家，在當地非常有名。裝飾在店內的獨特諷刺畫，也營造出一種特別的氛圍。午餐、晚餐皆為€40～。

🚇M1號線SAN BABILA站步行4分
🏠Via Bagutta14 📞(02)76002767
🕐12時30分～22時30分 🚫週日、8月中1週

↓新鮮海產1盤€20～
21為基準

↑熟食拼盤1盤
€20

往SAN BABILA站的出口 M
往SAN BABILA站的出口
M

地圖（地名標示）

René Caovilla ❷
Bagutta
Via Bagutta
Louis Vuitton
Via S. Andrea
Caffè Cova
PRADA
Bally
Camper
Camper（男仕）
Ralph Lauren
聖巴比拉廣場
Corso Matteotti
a Montenapoleone
Gianni Versace
Via Pietro Verri
GUCCI
ETRO
NaraCamicie
Bottega Veneta
Salvatore Ferragamo
❸ La Perla
Fratelli Rossetti
Moroni Gomma
ICEBERG

世界級的當紅內衣品牌

❸ La Perla MAP 別冊P13C3

**增添女性美麗風采
散發誘人魅力的內衣**

義大利的高級內衣店。店名「La Perla」是珍珠的意思。傳承自義大利師父的傳統手藝，也汲取現代潮流品味，融合新舊元素的商品十分吸引人。

DATA➡P50

♪ 在這裡小憩一下！
(Caffè Cova)

**時尚名流雲集
優雅的老牌咖啡廳**

1817年糕點師Cova開設的咖啡廳兼甜點店。創業當時開設在史卡拉歌劇院附近，後於1950年搬遷到現在的位置。由於位在高級精品街上，穿著高雅的時尚人士也經常光顧。店內的老咖啡杯等擺設，也能感受到其悠久的歷史。
(→P11)

🚇M1號線SAN BABILA站步行5分 🏠Via Montenapoleone 8 📞(02)76000578 🕐7時45分～20時30分 週日 €10～

Bottega Veneta
DATA➡P50
充滿現代元素和高級感的設計相當吸睛

↑各種色彩鮮豔的甜點
←咖啡廳的吧檯€1.10～、桌席€5

Salvatore Ferragamo
DATA➡P50
受人矚目的全方位時裝品牌

①No30 MAP 別冊P13D1

想尋找歐洲品牌
就到這裡

位在史皮卡大街上的複合精品
店。經手Givenchy、Felisi、
Pringle等歐洲各國的品牌。服
飾和皮包等，販售的商品種類
五花八門。Felisi的皮包約
€300～500。

DATA
M3號線MONTENAPOLEONE
站步行10分 Via della Spiga
30 (02)76317377 10～19
時～19時（週一15時～） 週
日

皮製手把
的包包

②Tod's MAP 別冊P13D2

穿起來非常舒適的
純手工鞋

以單張皮革縫製的莫卡辛
鞋聞名全球的鞋子名牌總
店。男女鞋款均有販售，
1F陳列服飾、小配件，2F
則是各式鞋款。所有皮製
商品都是由熟練的師傅純
手工製作，穿起來的舒適
度以及品質有口皆碑。

↑也販售飾品

←店內也有青少年的鞋款

DATA→P50

→鴕鳥皮
的鞋子

④ Sermoneta Gloves

Brunello Cucinelli •

No30 ①
Blumarine •

Moschino •

Dolce &
Gabbana ③

史皮卡大街

Via della Spiga
史皮卡大街

Via Borgo Spesso

在盡頭處的Via A.
Manzoni左轉，到M3
號線的蒙特拿破崙站
步行約5分。

Via S. Spirito

浪凡

Via Gesú

Tiffany & Co. •

Giorgio Armani (飾唱) •

0   50m

←店內陳列最
新的收藏

③ Dolce & Gabbana MAP 別冊P13D2

熱情又華麗的
收藏品非常吸引人

→也別錯過時尚
配件

Domenico Dolce和Stefano
Gabbana二位造型帥聯手創
立、性感且奢華的品牌，瑪
丹娜等國際級的巨星都十分
鍾愛。總店僅針對女性客
層，豪華的店內陳設巴洛克
風格的家具。

DATA→P50

④ Sermoneta Gloves MAP 別冊P13C1

散發成熟氛圍
優質的皮革手套

備受世人喜愛的皮手套品牌，
販售採用羊皮、野豬皮、鹿皮
等優質皮革的手套，手套
€32～顏色、設計、尺寸都非
常齊全。內襯的布料使用喀什
米爾羊毛等，連細節都十分講
究。（→P21）

→價格親民的皮
手套€65

DATA
M3號線MONTENAPOLEONE
站步行3分 Via della Spaiga
46 (02)76318303 10～19時～
19時（週日11時～、冬季～19時
30分）週6～8月的週日

↓販售鹿皮和羊
皮製、色彩繽紛
的手套

⑤Gio Moretti MAP 別冊P13D2

款式種類多元
老字號的複合精品店

服飾和鞋款、首飾等時尚單品，不
論男女款式都十分齊全。店內主要
販售Ermanno Scervino和Loro
Piana等義大利品牌。

↑寬敞的店內
←Ermanno Scervino
的上衣

DATA
Ⓜ1號線SAN BABILA步行5分
Via della Spiga 4
(02)796662 ⏰10～19時 休週日

Bar Senato MAP 別冊P13D2

♪在這裡小憩一下！

當地人也常光顧
氣氛輕鬆愜意

當地居民也常作為休息場所利用的咖
啡廳。除了店內的座位，也設有露天
座位，因此天氣晴朗時建議在店外享
受美好的咖啡時光。內用時吧檯加收
€1、桌席則是€2。Ⓜ1號線SAN B
ABILA站步行5分 Corso Venezia
21 (02)76008210 ⏰9～13時、
14～18時 休週六、日

↑甜點也不容
錯過
←水果類也很齊全

●PRADA
MAP 別冊P13D2

知名品牌，推
出的尼龍包人
氣居高不下

Sportmax ●

● PRADA ●

Chopard ●

Longchamp ●

Gio Moretti ●⑤

Bar Senato ●

Dolce &
Gabbana ●

a della Spiga

石板路別具風情。
即使是純逛街
也很有趣

Giorgio Armani ●

Yves Saint
Laurent ●

Via S. Andrea 聖安德列街

● Fendi

←Mulberry的
手提包

Dolce & Gabbana
（男仕）

⑥Banner MAP 別冊P13D2

不斷推出
令人驚豔的商品

專營女裝的複合精品店，
從休閒服飾到禮服，網羅多元類型
的商品。除了知名品牌外，店內也
有許多由眼光獨到的店主精心挑選
的新銳品牌商品。

DATA
Ⓜ1號線SAN BABILA站步行6分
Via San Andrea 8a (02)76004609
⏰10時～19時30分（週一15時～）
休週日

● Chanel

⑥ Banner

● 卡地亞

Bottega
Veneta ●

也有2
F

威尼斯大街
地鐵1號線
Corso Venezia

PRADA ●

往SAN BABILA站
出入口 Ⓜ

San Babila Café ●

往SAN BABILA站 Ⓜ
出入口

■聖巴比拉
廣場

♪在這裡小憩一下！

San Babila Café MAP 別冊P13D3

在史皮卡大街小憩一下

搭到地鐵1號線SAN BABILA站時非常方便的
咖啡廳。在咖啡廳內用時，吧檯€1、桌席€3。
也供應義大利麵€8～等餐點。
Ⓜ1號線SAN BABILA站步行即到 Piazza
San Babila 5 (02)76001308 ⏰7～21時 休
無休 €€1～

←滿滿鮮奶油的
Coppa Pippo€2

COURSE♪3

不容錯過的精品店&雜貨
在科摩大道周邊
CORSO COMO
購買最新潮流商品

時尚敏銳度高的米蘭人經常造訪的科摩大道地區，聚集許多網羅當季流行品牌的複合精品店。若喜愛與眾不同的時尚風格，該區有許多商品能滿足您的需求。地鐵GARIBALDI F.S.站和MOSCOVA站之間的距離，步行約需20分左右，不妨仔細地挑選，找出自己喜愛的商品吧。

行程比較表

逛街指數	♪♪♪ 一邊休息一邊逛街十分輕鬆
美食指數	♪♪♪ 有許多時尚的美食餐飲店
購物指數	♪♪♪♪ 網羅新潮品牌的店家雲集
美麗指數	♪♪♪ 選購最新商品，好好打扮自己
文化指數	♪♪ 體驗時尚之都的最新潮流
推薦時段	想悠閒的購物則推薦上午前來
所需時間	4小時左右
費用預算	消費金額＋餐費€15上下

➡穿起來很舒適的襯衫€95～

【商店】
Asap 【MAP 別冊P8B2】

100%天然材質製成環保的優質商品

該店販售利用喀什米爾羊毛剩料製成的羊毛製品、運用植物染料染製的T恤等商品。店內陳列的商品，每一件的質感都很高級，設計則相當簡單。暢銷商品是再生毛料的披肩€125～。（→P10）

DATA
M2號線MOSCOVA站步行3分
Corso Garibaldi 104
(02)6598157 10時30分～13時30分、14時30分～19時30分
週日

⬅依材質和顏色陳列商品

【精品店】
Eral 55 【MAP 別冊P8B2】

網羅多元的設計男仕商品的名店

販售男仕時裝商品，十分熱門的複合精品店。該店採用舊布料製作的原創服飾非常熱銷，設計也很多元。二手的牛仔褲和皮鞋等種類多樣，相當齊全。

⬆中古的皮鞋€250～1000左右

DATA
M2號線GARIBALDI F.S.站步行5分
Piazza XXV Aprile 14 (02)6598829
10時30分～19時30分（週日～19時、週一15時～）無休

⬇獨家設計的棉質襯衫€130

⬇也販售二手的牛仔褲

Shopping Advice
MOMA是義大利的品牌，很受時尚敏銳度高的米蘭人歡迎。

【精品店】
Garibaldi 104 【MAP 別冊P8B2】

休閒服飾到正式服裝種類廣泛是一大魅力

宛如藝廊般的店內，網羅了時下最流行的品牌。以製作足球釘鞋聞名的MOMA所推出的運動鞋、帥氣的手工皮帶相當受歡迎的FAUSTO COLATO、Campomaggi的手提包等，店家挑選的品牌都頗具個性。男女商品都很齊全。（→P10）

件也很齊全
⬅手提包等很配

也很講究
➡店內擺設

DATA
M2號線MOSCOVA站步行5分
Corso Garibaldi 104 (02)36598148
10時30分～19時30分（週一15時30分～）週日

精品店

10 Corso Como MAP 別冊P8B2

擺滿具流行感的商品 最具代表性的精品店

引領科摩大道流行元素的精品店。以白色為基礎色調、營造出明亮氣氛的店內，除了售有Balenciaga、Marni等各品牌的商品外，還有美妝品、家居用品等，商品種類十分多樣化。此外，也有GUCCI、PRADA等知名品牌商品。（→P10、21）

↑熱門品牌分區展示

↑原創商品也值得一看

↑春夏以各品牌涼鞋最為吸睛

↑包包等配件也很齊全

DATA
M2號線 GARIBALDI F. S.站步行5分 图Corso Como 10 (02)29 002674 10時30分～19時30分（週三、四～21時）休8月的10日間

午餐spot

(Pixel Café) MAP 別冊P8B2

欣賞街景的同時輕鬆享受午餐

正餐菜色的第一道主食€7～8、第二道肉類主菜€10～15等，價格十分親民的咖啡廳&餐廳。午餐時段的每日午餐€6～。若是非中午時段，也可來此稍作休息。

M2號線GARIBALDI F. S.步行3分 图Corso Como 12 (02)659 9648 7時30分～凌晨3時 休無休 €10～ €20～

←除了室內座位，也有面向大街的座位

→除毛球機 開口處有刀片

雜貨

High-Tech MAP 別冊P8B2

肯定能找到想要的商品 種類豐富的商品陣容

生活雜貨的百貨店，改建自原是墨水工廠的建築。寬敞的店內，販售廚房用品、家居用品、文具、玩具等，各式各樣的雜貨一應俱全。多樣化的商品陣容也頗受當地人好評。（→P20、21）

↓地面2層、地下1層擺滿多樣商品

DATA
M2號線 GARIBALDI F. S. 站步行5分 图Piazza XXV Aprile 12 (02) 6241101 10時30分～19時30分 休週一

↑玩具磁鐵球和鐵棒組成的

Shopping Advice
也有些複合精品店會販售自家原創商品，因此別忘了仔細瞧瞧。也許可以發現唯一一件的商品等意外的驚喜。

Porta Garibaldi車站
GARIBALDI F.S站
Pixel Café
科摩大道 Corso Como
10 Corso Como
High-Tech
Princi
Eral 55
加里波底門
Bastioni di Porta Nuova
Via Pasubio
Viale Crispi
Via Varese
Via Solferino
Asap
Garibaldi 104
Verger
MOSCOVA站
Via Moscova
Via Volta
Corso Garibaldi
Statuto
0 100m

概念店

Verger MAP 別冊P8B2

一邊喝茶 一邊購物

知名毛衣品牌Verger一手打造的服飾店&咖啡廳。除了品質優良且設計獨特的毛衣和羊毛製品外，也販售特製的巧克力等點心。咖啡廳亦供應簡餐，在悠閒地喝咖啡的同時也可以享受購物的樂趣。

↑可以視喜好挑選配件

DATA
M2號線MOSCO站步行2分 图Via Varese 1 (02)86998276 11時～24時（冬季12時～16時、19～24時）休週日、冬季週六晚間

↑特製巧克力 1個€3

←店內木桌等木製品營造出自然的氣息

在這裡小憩一下！

(Princi) MAP 別冊P8B2

品嘗現烤麵包和咖啡休息一下

麵包店&咖啡廳，也可外帶。可頌麵包1個€1～2，18時30分起供應餐前酒€10～。

M2號線GARIBALDIF. S.站步行10分 图Piazza XXV Aprile 5 (02)2906 0832 7時～23時（週六、日8～24時）休無休

↓享΍咖啡 €1.80

↑三明治的種類多樣

COURSE♪4

米蘭的老街
納維利歐區
NAVIGLIO
自在悠遊

位於米蘭的西南區，沿納維利歐運河一帶的納維利歐區，和米蘭大教堂所在的市中心區不同，可以徜徉在懷舊的氛圍當中，一邊悠閒地享受散步樂趣。該區座落許多利用石砌建築改造的餐廳和咖啡廳、商店等，每一家店都自成一格，十分吸引人。行程上時間充裕的話，建議不妨前往露天市集看看。

行程比較表

逛街指數	♪♪♪	麻雀雖小五臟俱全，移動上十分輕鬆
美食指數	♪♪♪	有許多餐廳和咖啡廳
購物指數	♪♪♪	精品店和雜貨店非常豐富
美麗指數	♪♪	欣賞水岸風光療癒身心
文化指數	♪♪♪	親身感受米蘭的老街文化
推薦時段	建議下午過後開始行程	
所需時間	3～4小時左右	
費用預算	餐費＋購物消費	

交 M2號線PORTA GENOVA F.S.站步行10分

1 前往納維利歐熱門的冰淇淋店

沿著運河旁的道路Rapi di Porta Ticinese前進，看見第二座橋後右轉。步行10分

2 在藝廊般的精品店追尋休閒風穿搭法

返回Rapi di Porta Ticinese，走過前方的橋後往右走。沿運河旁的路直走再過橋。步行5分

3 在運河畔的餐廳享用午餐

出餐廳後，沿Rapi di Porta Ticinese往右走。到路面電車行經的Viale Gorzia步行3分

4 前往保留老街風情的納維利歐運河

沿Viale Gorzia往北走，於Corso Colombo左轉。步行15分

5 在精選葡萄酒羅列的餐廳享用晚餐

交往 M2號線PORTA GENOVA F.S.站步行3分

Porta Genova
車站出發
◀PORTA GENOVA F.S站為納維利歐區散步的起點，站前有路面電車通行

➡恰到好處的甜度舒緩旅途疲勞

1 前往納維利歐熱門的
義式冰淇淋店

(Gelateria Meneghina) **MAP** 別冊P10A4

在老店品嘗當季的風味

1920年創業的義式冰淇淋店。店內採古典裝潢，有許多運用當季食材製作的口味。甜味天然頗受好評的義式冰淇淋2種口味€2.50。雪酪類也很齊全，可一邊在納維利歐區散步，一邊品嘗美味冰品。（→P11）

DATA ....
交 M2號線PORTA GENOVA F.S.站步行10分 **住**Ripa di Porta Ticinese 1 **☎**(02)58113877 **時**13時～翌1時（視時期變更～23時）**休**無休 **€**€2.25～

➡夏季時當地人和觀光客人潮眾多

走在不同於過橋時的運河沿岸，別忘了在橋上拍張紀念照

運河旁的道路
Ripa di Porta Ticinese

2 在藝廊般的
精品店
追尋休閒風穿搭法

(Antonioli) **MAP** 別冊P10A4

休閒系單品相當齊全

未經修飾的水泥天花板和黑色牆壁、加上吊在天花板的假人等，該精品店營造出藝廊般的氛圍。除了俱樂部風格的休閒配件外，也有西裝外套等時尚的款式。亦販售Maison Margiela、DSquared等名牌商品。

↑帽子等時尚配件類型也很豐富
➡DSquared的西裝外套
➡營造出現代感的店內

DATA ....
交 M2號線PORTA GENOVA F.S.站步行8分 **住**Via P. Paoli 1 **☎**(02)36566494 **時**11時～19時30分（週一15時～）**休**無休

la la check!
可以挖到寶！？ 納維利歐跳蚤市場

↑讓納維利歐區充滿活力的古玩市集

欲更貼近納維利歐當地生活，不妨前往跳蚤市場。每個月最後一個週日舉辦的**古玩市集**（ MAP 別冊P10A4）是從8時30分左右開始直到傍晚，在納維利歐運河兩側擺滿數以百計的攤販，從首飾到餐具等販賣各式各樣的物品。**帕皮尼亞諾街**（ MAP 別冊P10A3）則是在週二的7時30分～13時、週六的7時30分～17時舉行跳蚤市場。

➡骨董和舊書店有許多光看就很有趣的東西

↑想拍下街上往來的路面電車，這裡是絕佳位置

↓招牌美食，酥炸櫛瓜花 €12。酥脆的口感很美味
↓份量十足的Sartù di riso

---

3 在運河畔的餐廳享用午餐

Ponte Rosso
MAP 別冊P10A4

大啖義大利海鮮和家常菜

以白色為主色調、明亮且充滿開放感的店內，劃分為3個空間，四處掛著圖畫和照片。推薦的Sartù di riso€12，是以拿坡里的米飯加上莫札瑞拉起司、菇類、蛋、培根等材料烹調的拿坡里風焗烤飯。菜色每週更換1～2次。

↓出身翠斯特的老闆夫妻經營的餐廳

DATA
交 M2號線PORTA GENOVA F.S.站步行10分 住 Ripa di Porta Ticinese 23 ☎(02)837 3132 時12時30分～15時、20時～23時30分（週日12時30分～15時）休無休 €40～

簡單地晚餐&小憩
La Vineria
MAP 別冊P10A4

簡單地品嘗義大利國產葡萄酒的小酒館

販售6種走訪義大利各酒莊後精選出的葡萄酒。店內陳列著大型儲酒槽，杯裝葡萄酒€1～。也有帕尼諾€2.50～等輕食。交 M2號線PORTA GENOVA F.S.站步行10分 住 Via Casale 4 ☎(02)83242440 時10時30分～13時、15時30分～21時（週五、六～翌1時）夏季為10時30分～13時、15時30分～翌1時 休除了每月最後一週以外的週日、6～9月期間、10～5月的週日、一午間 €5～

↑直接由儲酒槽盛裝

走過石橋前往對岸，一邊散步一邊欣賞粉色系的房屋

4 保留老街風情的納維利歐運河
MAP 別冊P10A4

15世紀時建造的納維利歐運河，據說過去曾通往聳立在城市中心的米蘭大教堂附近，以便船隻運送用於建造大教堂的石材。雖然如今大部份河段已遭填平，但如今在納維利歐區仍可見保留昔日風采的運河。

➡運河畔的風景

↑納維利歐區特有的彩色招牌

往Via Vigevano走即到PORTA GENOVA F.S.站。沿著Viale Gorzia直走吧

Darsena的景致，有時能看見賞鳥人士的身影

---

5 在精選葡萄酒羅列的餐廳享用晚餐

Seven
MAP 別冊P10A4

盡情暢飲義大利葡萄酒

供應葡萄酒和牛排，氣氛輕鬆的餐廳。常備130種的葡萄酒，全是義大利國產。杯裝葡萄酒€3～、有紅、白、粉紅葡萄酒3種以及餐後酒。份量十足的牛排€16.80～也是招牌餐點之一。

➡店內擺滿葡萄酒。供應30種杯裝販售

搭配義大利葡萄酒一同享用

生火腿拼盤請酒一同享用

DATA
交 M2號線PORTA GENOVA F.S.站步行3分 住 Corso Colombo 11 ☎(02)58101669 時19～24時 休週日 €40～

COURSE♪5

從高級食材到便宜雜貨都有
米蘭伴手禮！

大買
特買

選購米蘭伴手禮，建議可以從充滿時尚之都特色的設計款和名牌等的商品下手。雖然價格較高，但不論是贈送他人，或是犒賞自己都非常合適。若是從下午3時開始逛起，便能有充裕的時間來猶豫該挑選哪些伴手禮。

行程比較表

逛街指數	♪♪♪ 由最近車站的步行時間約15分鐘內
美食指數	♪♪ 米蘭大教堂週邊有許多美食店家
購物指數	♪♪♪ 設計類和食材類的商店非常多
美麗指數	♪ 並無美妝景點
文化指數	♪♪ 順道享受石砌房屋的街景
推薦時段	15時左右出發即可
所需時間	3小時左右
費用預算	購物消費＋茶資

交 M1、2號線CADORNA站過紅綠燈後，左轉Via Paleocapa，一路直走。步行15分

1 挑選品味出色的設計類商品

M CADORNA站搭乘1號線M DOUMO站下車。搭乘行進方向後方的車廂，利用通往最近出口的階梯。途中行經3號線的剪票口前，朝「Via Torino」出口前進。總需時約15分

2 往米蘭代表性的高級食材店

走過大街Via Orefici，穿過迴廊即到大教堂廣場。步行3分

3 米蘭大教堂對面的大型百貨公司

交往 M1、3號線DUOMO站步行1分

↑簡單解決午餐，專心尋找伴手禮

帶回國內時的注意事項

依據現行法規中攜帶液體類登機的相關限制，橄欖油和葡萄酒、調味料等液體類的伴手禮，需打包後放入行李箱等的托運行李當中。此外生火腿等肉類製品無法帶回國內，請在當地享用完畢。

---

1 推薦給藝術愛好者！挑選品味出色的設計類商品

Bookstor Skira Triennale　MAP 別冊P8A4

該博物館商店所在的米蘭三年展中心，以3年舉辦一次的米蘭三年展會場而聞名。除了販售寫真集和藝術書籍以外，也有新銳設計師著手設計的商品，可以找到品味絕佳的設計類商品。

DATA

交 M1、2號線 CADORNA站步行15分　住Viale Alema6　電(02)72018128　時10時30分〜20時30分(週四〜23時)　休週一

↑充滿原創性的商品齊備

♪這些橡膠圈是義大利籍藝術家的作品€45

←總是人潮眾多的Via Torino

還有以下這些！高CP值的超市商品

尋找伴手禮時，可以到超市瞧一瞧。即食調理包、點心等商品的價格都很便宜，非常適合作為分送用的伴手禮。Pam➡P54

←加水煮開即可食用的義式什錦蔬菜湯€1.84

←將水和米放入鍋內炊煮即可完成米蘭風燉飯€2.55

↓常用於義大利麵中的乾燥牛肝菌€2.50，香味農郁

超市內有許多種類

咖啡€2.98

MAP 別冊P12B4

順道逛逛
Giovanni Galli
MAP 別冊P12B4

糖漬栗子相當出名的甜點店。基本上採秤重販售，不過若告知店家購買的個數，也可另外計價。保存期限為20天左右。

⊠M1、3號線DUOMO站步行5分
⊞Via Victor Hugo 2
☎(02)86464833 ⌚8時30分～20時（週日9～13時）
⊗無休

↑展示櫃中陳列著巧克力等

↑櫥窗中擺滿看起來十分美味的點心

←散發甜蜜香氣的糖漬栗子。若告知店家要帶回國內，店員會以紙托盤盛裝再包裝，避免受損

2
美食的寶庫！
米蘭代表性的
高級食材店

Peck
MAP 別冊P12B4

米蘭富裕階層時常光顧的高級食材店。除了熟食等，也販售橄欖油、乾燥義大利麵、香辛料、巧克力等，商品種類十分多樣。包裝上則印有Peck的店家商標。

←罐裝青醬€7。嘗得到香氣濃郁的道地滋味
→以白松露調味的橄欖油€18（250ml）

↑添加松露和雞蛋的乾燥寬麵€14
→鹽水醃漬的松露€168～，是完整保存松露風味的高級品

←1F是食品賣場，2F則是咖啡廳

DATA
⊠M1、3號線DUOMO站步行2分
⊞Via Spadari 9 ☎(02)8023161
⌚9時30分～19時30分（週一～15時30分）⊗週日

♪ 在這裡小憩一下！

Trussardi Café
MAP 別冊P12B3

知名品牌Trussardi一手打造的時尚都會風咖啡廳。店內以黑白為主色調，呈現時髦的氛圍，有許多商務客光顧。濃縮咖啡€1.50。調酒的品項也很豐富。⊠M1、3號線DUOMO站步行5分 ⊞Piazza della Scala 5 ☎(02)80688295 ⌚7時30分～23時（週六12時～）⊗週日 ⊞午餐€20～

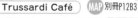

↑菜色視季節更換

↓還有屋簷下佈滿觀葉植物的露天座位

↑迷你瑪芬等甜點€10～

3
應有盡有！
米蘭大教堂對面的
大型百貨公司

La Rinascente
MAP 別冊P13C4

前方就是米蘭大教堂的百貨公司。樓層隨商品種類劃分，除了基本的名牌時裝配件，地下1F為廚房用品，7F則是販售食材、巧克力等方便作為伴手禮的商品。此外，7F也有咖啡廳和壽司吧等美食餐飲店。

↑義大利老字號廚具品牌「Guzzini」的濃縮咖啡杯組

←紙張製作的相框，十分輕巧

→利口酒瓶的設計相當繽紛

→用色時尚的置物盒。可以收納飾品

↑Alessi的牙籤筒。拉起兔子就會出現牙籤

→可愛的攪拌棒。可承受200℃的高溫

DATA
⊠M1、3號線DUOMO站步行1分 ⊞Piazza del Duomo ☎(02)88521
⌚9時30分～21時（週日10時～）⊗無休

↑雄偉的外觀。廁所在4F

←方便將摩卡壺放在瓦斯爐上的架子€2

COURSE 6

體驗米蘭人生活
盡情享受 Happy Hour

Happy Hour一詞據說就是源自於米蘭，指的是晚間約18時起，在酒吧和餐酒館點購均一價的飲品，即無限量供應簡單下酒菜的一種優惠模式。有些店家提供的下酒菜種類十分豐富，建議午餐可以吃飽一點，晚餐就以Happy Hour解決。若想感受更多米蘭風情，不妨選擇播放抒情樂的沙發酒吧。

小小旅遊知識

Aperitivo是？

Aperitivo指的是餐前酒。用餐前先喝點小酒刺激食慾，便能更美味地享用餐點。例如，結束一整天的工作後順道去酒館喝一杯再回家，像這樣Aperitivo已十分融入義大利人的生活當中。順帶一提，也常將略帶酸味的氣泡白葡萄酒Spumante當作餐前酒飲用。

行程比較表

逛街指數	♪♪♪	從最近的車站走到店家
美食指數	♪♪♪	品嘗各種飲品和簡單的下酒菜
購物指數	♪♪♪	無
美麗指數	♪♪♪	並無美妝景點
文化指數	♪♪♪	輕鬆體驗划算的飲食文化
推薦時段	18～21時左右	
所需時間	30分～1小時左右	
費用預算	飲品費用約€6～	

Parco Sempione

森皮奧內公園周邊

可以享受米蘭的夜生活的景點、引發討論的地區。白天大多數的店家都不營業，不過一到傍晚氣氛便截然不同。

↓在沙發上放鬆享受

↑品嘗當天推薦的下酒菜

Living MAP 別冊P8A3

受年族群歡迎
充滿時尚感的酒吧

可享受酒精飲品、和朋友聚會聊天的沙發酒吧。顧客多為當地年輕人，尤其是夏天時連店外都會擠滿了人。生火腿拼盤等餐點也十分齊全，優雅的擺盤令人食慾大增。

DATA
🚇M1、2號線CADORNA站步行15分
🏠Piazza Sempione 2
📞(02)33100824 🕐8時30分～翌2時（週六9時～）
🚫無休 💰€10～

↘各種飲品齊備。鮮豔的配色也很誘人

↘除了簡單的下酒菜，也有不少精緻餐點

HAPPY HOUR
●時段…18時～21時30分
●菜色…調酒€10～、葡萄酒・啤酒€7＋自助餐（起司、義式臘腸、海鮮等）

加碼推薦

Just Cavalli Hollywood
MAP 別冊P8A4

時尚品牌『Roberto Cavalli』推出的沙發酒吧＆餐廳。店內採用玻璃帷幕設計，餐具和室內擺設則是使用該品牌的家飾商品。夏季會開放庭園，作為露天咖啡廳。不妨前來享受米蘭的夜間娛樂。

🚇M1、2號線CADORNA站步行15分 🏠Viale Camoens
📞(02)311817 🕐19時～翌3時
🚫無休 💰€10～

↓森皮奧內公園周邊的當紅店家

※夜裡返回飯店時請搭乘計程車。

Duomo
米蘭大教堂周邊

正因為是米蘭的觀光景點，不論早晚總是聚集大批人潮。由中心區稍微往周邊移動，尋找私房的優質酒吧

Straf Bar 別冊P12B4

在充滿藝術氣息的空間
享受幸福的Happy Hour

以知性為主題、時尚設計型飯店的酒吧。汲取各國文化意象的室內，運用許多充滿個性的家居擺設，營造出高雅的氛圍。節奏輕快的音樂也十分愜意，令人忘卻城市的喧囂。Happy Hour外的飲品€8。

↑牆上掛著雕塑般的畫作

DATA
交M1、3號線DUOMO站步行即到
住H Straf內 ☎(02)805081
時9時～翌1時 休無休 €€10～

HAPPY HOUR
●時段…18時～21時
●菜色…飲品€10～15＋自助餐（各種義大利麵、蔬菜、肉類或是魚、起司、義式臘腸等）

↑店內採水泥牆不經修飾的風格

Corso Como
科摩大道周邊

米蘭時尚的傳播地科摩大道。購物人潮聚集的地區，也有許多方便順道前往的酒吧和餐廳。

←夏季店家會購物人潮聚集在外面擺上桌椅

Moscatelli 別冊P8B3

在地常客聚集
待客親切的酒吧

氣氛明亮開朗的葡萄酒吧。在地人經常光顧，一到傍晚空間狹長的店內總是擠滿客人。杯裝葡萄酒€5～。酒莊的名稱都寫在黑板上，不過店家也會擺出酒瓶，因此也能以手指點選。Happy Hour推出的自製下酒菜種類多元，可當作晚餐利用。

晚餐薩等鹹派和小披薩適合作為

DATA
交M2號線MOSCOVA站步行2分 住Corso Garibaldi 93 ☎(02)6554602 時7時～翌2時 休週日 €€15～㊦€20～

HAPPY HOUR
●時段…17時～21時
●菜色…飲品一律€7＋自助餐（披薩、沙拉、義式臘腸等）

↓狹長的店內，裡面有桌席

➡可以和親切的店員聊天

Ganas ● 別冊P8B2

配合悠閒的夜晚
品嘗墨西哥風味

店內裝潢擺設走墨西哥風格，吧檯的員工們帥氣地調製著雞尾酒。Happy Hour供應使用大量蔬菜的墨西哥餐點，非Happy Hour時段也吃得到墨西哥塔可、墨西哥薄餅等經典的墨西哥美食€9～（晚間€15～）。

↓亦供應沙拉等受女性歡迎的餐點

DATA
交M1、3號線GARIBALDI F.S.站步行5分 住Corso Como 2 ☎(02)6590444 時12～15時、18時～翌2時 休週六、日的午餐時段 €㊦€30～㊦€40～

HAPPY HOUR
●18時～20時30分
●菜色…調酒一律€8＋自助餐（每日更換的墨西哥菜）

↓也會應顧客要求調製雞尾酒

↓吧檯擺滿了下酒菜

➡除了調酒也備有啤酒和杯裝葡萄酒

米蘭 市內交通

遊逛重點

米蘭的城市構造

過去米蘭的運河縱橫交錯，在因應產業發展的交通網絡上，扮演重要的角色。雖然如今已填平大部分的運河，但2條環狀線保留了運河的感覺，以米蘭大教堂為中心畫圓，主要的觀光景點絕大多數都位在環狀線區域內，尤其是半徑200～300公尺、內側的環狀線上座落著眾多的景點。

→遊覽米蘭時的起點，大教堂廣場
↓移動上以地鐵最為方便

路名和門牌號碼最重要

在市區只要知道路名和門牌號碼，基本上都能抵達目的地。街道、廣場的名稱會標示在路口轉角等處的建築物2F位置。Via意指「街道」，Piazza則是「廣場」，門牌號碼則是標示於門牌左上角的小字。街道的一側為單數的門牌號碼，另一側則為偶數，依序排列。

↑←找找寫有路名的門牌吧

●漫步街頭時需注意

一般公認治安較差、扒手和搶劫等案件通報最多的地方，是米蘭中央車站和其周邊。夜間請避免單獨行動。中央車站的北側一帶、中央車站到共和廣場周遭的西側一帶治安也不是很好。地鐵的站內情況也差不多，因此夜裡建議盡量搭乘計程車。

●漫步街頭時的好用單字

廣場＝ Piazza（Pza.）, Largo（Lgo.）
教堂＝ Chiesa（Ch.）
大街＝ Viale（Vle.）
街＝ Via（V.）
門＝ Porta（Pta.）
巷弄＝ Vicolo（Vic.）
車站＝ Stazione（Staz.）
火車站＝ Stazione Ferroviaria

車票的種類與價格

車票可通用於地鐵、巴士、路面電車，在有效期限內也可轉乘。單程票€1.50為75分鐘內有效，地鐵僅能搭乘1次。1日票€4.50的使用期限為24小時、2日票€8.25則為48小時，以上2種票券只要在各自使用期限內，便可不限次數搭乘上述的交通工具。除此之外，還有販售10次票€13.80和1天限用2次、除了調日外6天份的1週票€8.40等。大部分的票種都能在自動售票機購得，不過2日票僅在地鐵米蘭中央車站的售票處等地才有販售。

↑車票正面

車票背面的數字

請仔細看印於車票背面文字和數字下方的9位數字。這排數字是依「日／月／西元年的尾數／時／分」順序標記。如標示「121211455」，是指「12日／12月／2011年／14點／55分」。當購買1日票和2次票等有時效限制的票種，請記好印在票券背面的時間。

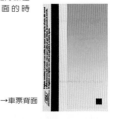
→車票背面

地鐵 | Metro

米蘭的地鐵路線共有4條。1號線是紅色、2號線是綠色、3號線則是黃色等，各路線皆統一成其代表色。如1號線和3號線以大教堂站為中心交會等，可供轉乘的車站共有5站，由於主要觀光景點匯集，對旅客而言可說是最便捷的交通方式。目前建設中的5號線僅開通GARIBALDI F.S.站至BIGNAMI站區間。

●主要的路線種類

1號線…連結城市西北～市中心～北部的路線。遊覽米蘭大教堂和史豐哲斯可城堡時最適用。SAN BABILA站則是在蒙特拿破崙大街購物時最為方便。

2號線…連結城市西南～中心區～東北部的路線。CADORNA站是和1號線交會的轉乘站。離史豐哲斯可城堡和森皮奧內公園很近。

3號線…連結城市北側的米蘭中央車站～市中心～南側的路線。由於該路線會經過米蘭大教堂和蒙特拿破崙大街等地，在觀光和購物時，值得好好利用。

●自動售票機的購票方法

①進入購票畫面

若最先顯示這個畫面，表示可正常購票。欲進入購買車票的下一頁面，請按螢幕下方的「OK」鍵。

②選擇車票種類

使用螢幕下方的方向鍵選擇欲購買的車票類型。選好後按下「OK」鍵。

③付款

投入「Importo totale」欄內顯示的金額。如欲購買2張以上的車票，請使用方向鍵，更改「Numero titoli selezionati」欄的數量。

④取出車票與零錢

請於售票機左下方的取票口取出車票與零錢。購票完成到出票前需等候約數十秒。

小心扒手和竊賊

觀光景點附近的月台和車站內，有許多專挑觀光客下手的扒手和竊賊。尤其是人潮眾多的時段和觀光旺季，務必多加留意。

●搭乘地鐵

① 尋找車站

尋找立於通往地鐵站入口附近的「M」字指標。下樓梯時請確認面前標示的站名和路線號碼。

標示著站名和路線號碼

② 購買車票

車票可在站內的售票處或自動售票機購買。以自動販賣機購票時，請先備好足夠的零錢或小面額的紙鈔。

售票機的使用方法請見左欄

③ 確認路線

2條地鐵線交會的車站分別是米蘭中央車站、大教堂站、CADORNA站、LORETO站、ZARA站等5站。這些車站會視路線區分剪票口，請先確認好剪票口上方標示的路線號碼，再通過剪票口。

別忘了確認路線

④ 通過剪票口

車票通過自動驗票機後，背面會印上一排數字。1日票、2日票等車票，請以最初印上的時間為基準。

綠色箭頭的剪票口為可通行

⑤ 前往月台

搭車的月台視目的地而異，請在樓梯口前的停靠站標示板確認後，再前往月台。月台上會有標示目的地和時間的電子看板，以防萬一請再確認一遍。

月台上也設有電子看板

⑥ 上車、下車

因假日和部分時段人潮較多，不需著急，請留意身邊情況一邊搭車。靠近下個停靠站時車內會有義大利語和英語的廣播，因此請仔細聆聽站名。請注意也可能出現沒有廣播的情況。停靠在車站時，月台也會廣播該站的名稱，請確認好後再下車。

視路線和時段，有時車上乘客較少

⑦ 通過剪票口

跟著「USCITA（出口）」的指示往上走便能抵達剪票口。將車票插入驗票機後，透明塑膠門便會自動開啟。轉乘時，只要跟著往月台等地方的「Linea（線）」標示走即可。

通過剪票口出站

⑧ 出地鐵站

出剪票口後，可看見標示最近路名和觀光景點的標誌，依照指示從距離目的地最近的出口離開。

請小心別走錯出口

計程車|Taxi

對觀光客來說，計程車是方便性僅次於地鐵的交通方式。計程車體為白色，車頂會有「Taxi」的字樣。路上隨攔隨停的計程車較少，當攜帶大型行李或夜晚搭車時等，建議視情況靈活運用這2種交通工具。

米蘭中央車站的計程車乘車處

●關於計費方式

起跳金額是6～21時€3.30（假日時€5.40）、21時～翌6時的夜間時段€6.50。基本上之後每行駛105.3m或停止時間經過14.5秒便增加€0.10。正規計程車的後座（駕駛座或副駕駛座椅背的置物袋）中，有詳細的車資表（有英文版）。

●搭計程車時請注意

正規計程車體為白色。車頂上會有白色或紅色的「TAXI」字樣。車型有轎車、二廂車等數種。在米蘭中央車站和主要觀光景點等地，偶爾會有白色計程車的司機向觀光客招攬生意，不過基本上只要是在計程車乘車處都可安心搭乘。

←車頂的TAXI標示
↓街頭的計程車招呼站

●搭乘計程車

❶ 尋找計程車乘車處

由於路上很難攔到計程車，建議在計程車乘車處搭車，就在TAXI字樣的橘色站牌旁。乘車處大多位在主要觀光景點和百貨公司等規模較大的建築物周邊。早晚的通勤尖峰、雨天時等候時間較長，請盡量避免利用。

早上等計程車的人大排長龍

❷ 上車

有時也有不會英語的司機，建議在紙條上寫好目的地址遞給司機較為方便。跳表機設置在中央的普賽旁，或是後照鏡附近上方。發車後請確認是否開始跳表。

請小心關上車門

❸ 付款

抵達後，支付跳表機上顯示的金額。可能遇到司機零錢不足等情況，因此請避免使用€50以上的高面額紙鈔。基本上不需小費，不過也可聊表心意，如車資是€7.40時，可以給€8等。

付款前請確認跳表機

❹ 下車

下車後關上車門前，別忘了說聲「Grazie（謝謝）」表達謝意。

下車前別忘了隨身行李

欣賞夜景的特等席
Tram Ristorante

Tram Ristorante能讓乘客在路面電車上一邊享用餐一邊欣賞浪漫的夜景。餐點共有肉、魚、蔬食等3種全餐，內容包含前菜、主餐、附副菜的主菜、甜點、咖啡等，菜色相當道地。每2名旅客會各附贈1瓶礦泉水和葡萄酒。不妨試著體驗這種獨特的米蘭之夜吧。

DATA
MAP別冊P12A2
●乘車處：Piazza Castello
●日期：週二～日（1月1～16日、7月30日～8月30日、主要節日除外）
●發車時間：20時（於15分鐘前集合）
●所需時間：約2小時30分
●費用：€65
●預約方式：義大利國內可撥打免費專線☎(800) 808181(語音後按4、再按2)
※受理預約11～19時。需 口的預約並告知在當地的聯絡方式。預約後，在預約日前24～48小時內會取得預約碼，萬一未取得預約碼時，請於前一日的19時前撥打上述電話，務必要取得預約碼。聯繫不到則視為取消。欲取消預約時請在預約日前2日15時前聯繫。

↑每天有2輛路面電車行駛→車內有24席。需預約

巴士 |Autobus

巴士不僅路線複雜且車內無廣播，因此對旅客而言較難靈活運用。建議先得取得網羅所有巴士路線的巴士路線圖（→P38）後，再計劃如何搭乘。由於通用於車票與地鐵、路面電車，請事先購買。

↑巴士車頭上方會顯示路線編號和目的地→在車內請遵守應有的禮儀

●搭乘巴士

❶ 尋找巴士站

請尋找橘色站牌。站牌上標註著路線編號及停靠的巴士站名，柱子上則標示著時刻表。主要路線上的大站還附設顯示等候時間和目的地的電子顯示板。

↑在巴士站查詢時刻表
←街頭的候車處

❷ 上車、下車

前後方車門皆可上車。若車票尚未印上時間，請別忘了在車上打印。由於車內並無廣播，請以計算停靠站數等方式有計劃地搭乘。下車時請按下紅色按鈕，並從後方標示著「USCITA（出口）」的車門下車。

↑舊式的打印機無法使用。請利用車內前方的紅色打印機
←出口的標示

路面電車 |Tram

路線涵蓋由中心街道至郊外之間的廣大區域。和巴士路線相同，對當地不熟悉的旅客較難以靈活運用，但在路面電車上看見的街道景色充滿異國風情，肯定能引發旅遊的情懷。若時間方面許可，不妨搭乘看看。

↑帶有歷史氣息的舊式路面電車→新型路面電車行駛時氣勢十足

●搭乘路面電車

❶ 尋找路面電車停靠站

目標是橘色站牌或是紅色的電子看板，會顯示行經的停靠站、時刻表。

↑部分停靠站設有電子看板
←停靠站比路面略高

❷ 上車、下車

沒有固定上下車門。由於車內沒有廣播，出示寫有目的地的紙條給司機或其他乘客也是一個方法。靠近下車站時請在車門附近等候、迅速下車。新型路面電車只要按下綠色按鈕就會開啟車門。

↑按下紅色按鈕，就會亮起紅字「FERMATA PRENOTATA」
←車內十分整潔

推薦的觀光景點

14世紀末伴隨著大教堂的動工，米蘭展開正式的城市建設。觀光景點皆以最令人驚豔的大教堂為中心，呈放射狀座落四周。教堂和美術館、博物館等景點眾多。關於參觀美術館和博物館的秘訣和禮儀請見→P122。

專欄Check♪

米蘭大教堂周邊　MAP 別冊P12A4

安布羅吉亞納美術館
Pinacoteca Ambrosiana

拉斐爾大作的
靈感泉源就在這裡

主要展示15～16世紀倫巴底派畫作，以及文藝復興時期威尼斯畫派作品，當中以推測為達文西作品的『音樂家肖像』、波提切利『Madonna del Padiglione』、提香『三王朝拜』最為有名。第5展室展出的拉斐爾名作『雅典學院』草稿也很有趣，據說是以達文西、米開朗基羅和拉斐爾自己為模特兒描繪。1918年建立。

→ 美術館入口位在2F
→ 館內也有美術館商店

DATA …… ⏱30～120分
M1、3號線DUOMO站步行5分
Piazza Pio XI,2　(02)806921　10～18時※閉館前1小時截止入場
週一 C15

米蘭大教堂周邊　MAP 別冊P12B4

聖沙提羅教堂
Chiesa di Santa Maria Presso San Satiro

文藝復興的智慧令人驚艷

創建於9世紀。布拉曼帖設計的主祭壇採用的透視法，是文藝復興時期象徵性的手法。

DATA …… ⏱～30分
M1、3號線DUOMO站步行2分　Via Speronari 3　(02)874683　7時30分～11時30分、15時30分～18時30分(週六、日15時30分～18時30分、週日10～12時、15時30分～19時) 無休 免費

布雷拉美術館周邊　MAP 別冊

聖森普里齊亞諾教堂
Chiesa di S. Simpliciano

羅馬式風格的教堂

由森普里齊亞諾主教於4世紀末時建成。裝飾在建築內部後方的濕壁畫『聖母加冕圖』，是16世紀倫巴底畫派的代表畫家Bergognone的傑作。

DATA …… ⏱～30分
M2號線LANZA站步行3分
Piazza S.Simpliciano 7　(02)862274　7時30分～12時、15～19時 無休 免費

布雷拉美術館周邊　MAP 別冊P12B1

布雷拉美術館
Pinacoteca di Brera 必見

展示無數名作
不容錯過的美術館

以根據拿破崙的政策蒐集而來的宗教畫為大宗，1882年開幕為國立美術館。15～18世紀的倫巴底畫派和威尼斯畫派作品的館藏特別齊全。目前依年代和畫派分區展示超過400件的作品。由布雷拉庭旁的入口穿過中庭，登上正前方的階梯即是美術館入口。如喬凡尼·貝里尼成熟時期的作品『聖殤』、對後世畫家造成巨大影響的曼帖那『哀悼基督的死亡』等，展示眾多被譽為名畫的作品。

→ 美術館前方的中庭

↑1F是1776年創立的美術學校

DATA …… ⏱30～120分
M3號線MONTENAPOLEONE站步行10分　Via Brera 28
(02)72263264　8時30分～19時15分（閉館前35分鐘截止入場）週一 C10、特別展加收€8（視展覽而異）　※10人以上團體需預約

↑拉斐爾創作的『聖母的婚禮』

Bridgeman Images/アフロ

MAP 別冊P13C2
蒙特拿破崙大街周邊

巴格帝·瓦塞奇博物館
Museo Bagatti Valsecchi

改建自奢華宅邸
散發高雅氣息的博物館

19世紀後半，巴格帝·瓦塞奇家的兩兄弟以14世紀的倫巴底風格建造的宅邸。實際上這棟裝飾著文藝復興風格的家具和藝術品等的建築，直到1974年都還有人居住。沙龍和寬敞的浴室等處仍維持當時的樣貌。博物館商店裡，販售以室內裝潢為構思的ETRO絲巾、雨傘等商品。

↑入口在Via Gesù和Via Santo Spirito
↑館內也有博物館商店

DATA
M3號線MONTENAPOLEONE站步行5分 Via S.Spirito10/Via Gesù 5 (02)76006132 13時～17時45分 週一、8月 €9(附英語導覽)
30~120分

MAP 別冊P13D2
蒙特拿破崙大街周邊

米蘭市立博物館
Civico Museo di Milano

一窺米蘭的歷史

米蘭市的博物館，位於18世紀建造的莫館度宮內，藉由17～19世紀的繪畫、版畫等介紹米蘭的歷史。

DATA
M3號線MONTENAPOLEONE站步行5分 Via Sant'Andrea 6 (02)88465933/88446057 9時～17時30分(30分鐘前截止入場) 週一 €5
~30分

MAP 別冊P13C3
蒙特拿破崙大街周邊

曼佐尼紀念博物館
Museo Manzoniano-Casa del Manzoni

追尋義大利浪漫主義的大文豪

義大利浪漫主義代表性大文豪曼佐尼的故居裡，蒐集了關於曼佐尼的資料。

DATA
M3號線MONTENAPOLEONE步行6分 Via Morone 1 (02)86460403 9～16時(圖書館9～12時、14～16時) 週六、日、8月 免費
~30分

MAP 別冊P13C2
蒙特拿破崙大街周邊

波爾迪·佩佐利博物館
Museo Poldi Pezzoli

在豪華宅邸內欣賞藝術

以吉安·賈科莫·波爾迪·佩佐利的收藏品為主體的博物館。展示曼帖那和提也波洛等14～19世紀的畫作。

DATA
M3號線MONTENAPOLEONE步行3分 Via Manzoni 12 (02)794889 10～18時 週二 €9、特別展加收€1(視展覽而異)
30~120分

MAP 別冊P8A3
森皮奧內公園周邊

布蘭卡塔
Torre Branca

米蘭的觀景地點

高108公尺、高聳參天的鐵塔。由六角形的觀景台可以一覽米蘭市內風光，連城市的地標米蘭大教堂也看得見。

DATA
M1、2號線CADORNA站步行15分 Parco Sempione, Viale Camoens (02)3314120 10時30分～12時30分、16時～18時30分、21時30分～翌1時(視日期變動) 週一、冬季為週一、二、四、五 €5
30~120分

MAP 別冊P8B4
森皮奧內公園周邊

史豐哲斯可城堡
Castello Sforzesco

述說米蘭的繁華和動盪
雄偉的文藝復興建築

14～15世紀時統領北義和米蘭的維斯康提家族，在14世紀建造的堡壘。其後，由史豐哲家族增建，成為歐洲數一數二的領主城堡。但是，在西班牙、法國、奧地利等國占領米蘭公國後，城堡被當作軍營使用，雖然局部因而毀損，但19世紀末時修復成原貌。如今建築內設置了博物館和圖書館等。

↑正面入口的鐘塔。城牆單側約200公尺
↑隨時代改變的維斯康提家徽

DATA
M1號線 CAIROLI站步行即到 Piazza Castello (02)88463700 7～19時(冬季～18時) 無休 免費
30~120分

MAP 別冊P8B4
森皮奧內公園周邊

史豐哲斯可城堡博物館
Musei del Castello Sforzesco

必看！隆旦尼尼聖殤

1F展示古代到文藝復興時期之間的雕刻，據說米開朗基羅逝世前仍不斷雕刻的未完成作品『隆旦尼尼聖殤』也在這裡。

DATA
M1號線CAIROLI站步行即到 Piazza Castello (02)88463700 9時～17時30分 週一 €5
30~120分

觀光局和飯店大廳會擺放『MILANO MESE』和『hello MILANO』等免費觀光資訊雜誌，以義大利語和英語為主。可以有效地應用在城市觀光上。

S.AMBROGIO站周邊  MAP 別冊P10A2

國立達文西科技博物館
Museo Nazionale della Scienza e della Tecnica Leonardo da Vinci

接近天才達文西
十分有趣的博物館

1953年，為紀念達文西誕生500週年成立的博物館。以科學思考的發達和工業技術的進步為主題，依類別展示於紀念館、鐵路館、海空交通館等。改建自16世紀修道院的紀念館2F是達文西藝廊，利用設計圖和模型展示直升機等達文西的構思。

⬆鐵路館內設置了蒸氣火車
⬆2F的達文西藝廊

DATA 🚶~30分
🚇Ⓜ2號線S. AMBROGIO站步行6分
🏠Via S.Vittore 21 📞(02)485551
🕐9時30分～17時(週六、日、假日～18時30分) ※閉館前30分截止入場
🚫週一 💰C10

S.AMBROGIO站周邊 MAP 別冊P10A2

聖安布羅吉歐教堂
Basilica di Sant'Ambrogio

結合多樣化的建築風格

4世紀時由米蘭主教安波羅修打下基礎的教堂。現今的建築是11～12世紀時重建，混合羅馬式等多種建築風格。

DATA 🚶~30分
🚇Ⓜ2號線S. AMBROGIO站步行1分 🏠Piazza Sant'Ambrogio 15
📞(02)86450895 🕐10～12時、14時30分～18時(週日15～17時)
🚫無休 💰免費

S.AMBROGIO站周邊 MAP 別冊P10B3

聖羅倫佐大教堂
Chiesa di S.Lorenzo Maggiore

羅馬時代的圓柱相當醒目

廣場中央立著君士坦丁大帝像。教堂雖是4～5世紀時建造，但之後經過不斷改建，現今的樣貌是16世紀後半的產物。

DATA 🚶~30分
🚇Ⓜ3號線MISSORI站步行7分 🏠Corso di Porta Ticinese 39 📞(02)89404129 🕐9時30分～17時(週日～13時30分) 🚫無休 💰免費

納維利歐區周邊 MAP 別冊P10B3

聖歐斯托焦聖殿
Chiesa di Sant'Eustorgio

新羅馬風格的教堂

教堂內的聖歐斯托焦博物館裡，Vincenzo Foppa的濕壁畫『殉道者聖彼得的一生』非常值得一看。

DATA 🚶~30分
🚇Ⓜ2號線PORTA GENOVA F.S.站步行7分 🏠Piazza S.Eustorgio 1 (02)89402671 🕐7時30分～12時、15時30分～18時30分、博物館10～18時 🚫無休 💰免費、博物館€6

Porta Garibaldi車站周邊 MAP 別冊P8A1

米蘭紀念墓園
Cimitero Monumentale

名人長眠的肅穆墓園

1866年設立的紀念墓園。由Carlo Maciachini設計，座落許多新哥德風格、雕刻精細的墓碑。

DATA 🚶~30分
🚇Ⓜ2號線GARIBALDI F.S.站步行5分 🏠Piazzale Cimitero Monumentale 📞(02)88465600 🕐8～18時 ※關門前30分截止入場 🚫週一 💰免費

市民公園周邊 MAP 別冊P9D3

市民公園
Giardini Pubblici

最適合散步的公園

座落威尼斯大街西側，占地17萬平方公尺的公園。園內有自然史博物館和天文館、水族館、以及可用餐的咖啡廳。

DATA 🚶30分~120分
🚇Ⓜ1號線PALESTRO站步行2分 🏠Corso Venezia 📞(02)88463269 🕐6時30分～23時30分(3·4·10月～21時、5月～22時、11～2月～20時) 🚫無休 💰免費

市民公園周邊 MAP 別冊P13D1

市立近代美術館
Civica Galleria d'Arte Moderna

在現代藝術的寶庫
悠閒地欣賞藝術作品

主要收藏20世紀作品的美術館，展有馬里尼、羅梭、塞根迪尼等人的作品，亦展示新古典主義的繪畫和雕刻、法國印象派的作品等。美術館改建自1790年建造的Belgiojoso伯爵の宅邸，館內呈現優雅的氛圍。展示空間配置寬敞舒適，窗外精心修剪的庭園和池塘景觀也很賞心悅目。建築右後方另設有獨立的展示室。

⬆外觀優雅的美術館
➡也展有Hayez、Lega等人的作品

DATA 🚶30分~120分
🚇Ⓜ1號線PALESTRO站步行3分 🏠Via Palestro 16 📞(02)88445947 🕐9時～17時30分(入場～17時) 🚫週一 💰C5

米蘭&倫巴底菜色

該地區的特色是米飯類美食較多。最具代表性的就是米蘭風燉飯。也有米蘭風炸肉排等眾多知名菜色。

專欄check

Bagutta P27

米蘭大教堂周邊　**MAP** 別冊P12A4

Trattoria Milanese

傳承傳統口味的熱門餐廳

擺設骨董家具的店內營造出沉穩的氣氛。供應米蘭風炸肉排和燉牛膝等菜色。

DATA
🚇M1、3號線DUOMO站步行10分　🏠Via S. Marta 11　📞(02)86451991　🕐12時～14時45分、19時～22時45分　🈺週日、復活節前後2週、7月15日～8月30日、12月25日～1月7日　💰午€⊕晚€40～

米蘭大教堂周邊　**MAP** 別冊P10B2

Alla Collina Pistoiese

個性化的米蘭風味

1936年創業的老字號餐廳。以米蘭菜為主，也有應用當季食材的獨門菜色。

DATA
🚇M3號線MISSORI站步行5分　🏠Via degli Amedei 1　📞(02)877248　🕐12時30分～13時、19時～22時30分　🈺週六7月、8月中旬的2週、12月23日～1月2日、復活節前後4天　💰午€⊕晚€50～

布雷拉美術館周邊　**MAP** 別冊P12B1

Nabucco

米蘭數一數二的老餐廳

店名源自威爾第的歌劇「拿布果」。供應傳統的米蘭菜和主廚的獨家菜色，十分講究食材和作法。招牌是手撖義大利麵。

DATA
🚇M2號線LANZA站步行6分　🏠Via Fiori Chiari 10　📞(02)860663　🕐12時～14時30分、18時～23時30分　🈺無休　💰午€40～⊕晚€50～

布雷拉美術館周邊　**MAP** 別冊P12A2

La Trattoria del Carmine

在露天席享用傳統美味

該餐廳排在卡密內聖母教堂前廣場上的露天座位相當醒目。可品嘗到燉牛膝€30等的米蘭家常菜和現烤的披薩。

DATA
🚇M2號線LANZA站步行8分　🏠Piazza del Carmine1　📞(02)86461234🕐12時30分～14時30分、20時～23時30分　🈺8～5月間一午間、週日　💰午€⊕晚€40～

Porta Garibaldi車站周邊　**MAP** 別冊P8B2

Antica Trattoria della Pesa

米蘭人鍾愛的老店

米蘭的新聞記者和時尚界人士也常造訪，歷史悠久的名店。店內的裝潢自1880年創業以來不曾改變。

DATA
🚇M2號線GARIBALDI F.S.站步行10分　🏠Viale Pasubio10　📞(02)6555741　🕐12時30分～14時30分、19時30分～23時　🈺週日　💰午€⊕晚€60～

Porta Vittoria車站周邊　**MAP** 別冊P7D4

Trattoria Masuelli San Marco

家族經營的溫馨餐酒館

1921年創業，現今由第3代經營的米蘭餐廳。只需€10～13即可品嘗義大利麵，也供應米蘭風炸肉排€23.50等地方美食。

DATA
🚇M3號線LODI T.I.B.B.站步行10分　🏠Viale Umbria 80　📞(02)55184138　🕐12時30分～14時30分、20時～22時30分　🈺週一午間、週日　💰午€⊕晚€45～

米蘭中央車站周邊　**MAP** 別冊P7D1

Trattoria Casa Fontana 23 Risotti

最專業的燉飯專賣店

菜單上共有23種燉飯。使用的米是和義大利稻米產地的農家共同開發，只精選最優質的米粒。

DATA
🚇M3號線SONDRIO站、或ZARA站步行5分　🏠Piazza Carbonari 5　📞(02)6704710　🕐12時～14時30分、20～22時　🈺週一　💰午€⊕晚€35～

米蘭南部　**MAP** 別冊P7C4

Trattoria Madonnina

供應米蘭家常菜

位於納維利歐區南部，充滿家庭般氣氛的餐館。供應約€5～6、採用新鮮食材的家常菜。

DATA
🚇M2號線PORTO GENOVA F.S.站步行10分　🏠Via Gentilino 6　📞(02)89409089　🕐12時～14時30分、20～22時　🈺週日、週一～三晚間　💰午€⊕晚€20～

義大利菜

義大利麵、披薩、燉飯等國人也相當熟悉的義大利餐點。在眾多精緻的餐廳聚集的米蘭，以義大利菜為基礎的創新菜色也十分受到矚目。

米蘭大教堂周邊 **MAP** 別冊P12B4

Cracco

以頂級食材
創作出獨創餐點

以發揮傳統口味的創意義大利菜聞名的餐廳。行政主廚Carlo是獲得米其林2星的實力派，擅長烹調創意十足的菜色，如完全不用麵粉、只用蛋黃製作的義大利麵等，獨創的餐點獲得很高的評價。建議盛裝來此享受最頂級的晚宴。

⬆散發嶄新創意的雞蛋義大利麵

DATA
🚇M1、3號線DUOMO站步行2分
🏠Via Victor Hugo 4 📞(02)876774
🕐12時30分～14時30分、19時30分～23時 🈳週一、六午間、週日
💰午💰晚€130～

Repubblica車站周邊 **MAP** 別冊P9D3

Joia

五感饗宴
全新健康創意餐點

完全不使用肉類的創意素食店。主廚是聞名健康飲食界的Pietro Leemann。盛裝餐點的盤子和裝著香草和石子的盤子平行擺放，琢磨視覺、嗅覺、味覺等五感後靜心品嘗的創新菜色等，供應各種加入新穎創意的餐點。點心盤等顏色鮮艷的餐後甜點也值得一嘗。
（→P8）

⬆搭配香草香氣一同品嘗

➡裝飾精美的甜點

DATA
🚇M3號線REPUBBLICA站步行7分
🏠Via Panfilo Castaldi 18
📞(02)29522124 🕐12時30分～14時30分、19時30分～23時 🈳週六午間、週日
💰午€17～35💰晚€65～100

米蘭大教堂周邊 **MAP** 別冊P11C2

Ristorante da Bruno

位置極佳且價格親民

以托斯卡納菜色為中心的傳統義大利菜餐廳。店內多達200個以上的座位，不需等待即可入內用餐。自在的氣氛和便宜的價格是魅力所在。

DATA
🚇M3號線MISSORI站步行3分
🏠Via Gonzaga 6 📞(02)804364
🕐12～15時、19～23時 🈳週六、8月中3週
💰午€25～💰晚€35～

蒙特拿破崙大街周邊 **MAP** 別冊P13C2

Bice

深受觀光客喜愛的店家

該餐廳以米蘭風炸小牛排€20等的肉類餐點為中心，供應美味的地方美食。

DATA
🚇M3號線MONTENAPOLEONE站步行3分 🏠Via Borgo Spasso 12
📞(02)76002572 🕐12時30分～14時30分、19時30分～22時45分 🈳週日晚間、7、8月的週六日、過年期間的2週 💰午💰晚€25～

米蘭大教堂周邊 **MAP** 別冊P12B3

Il Marchesino

享受大師級的義式饗宴

義大利首位獲得米其林3星的知名主廚Gualtiero Marchesi經營的第二間餐廳。最推薦5道菜的全餐€120，單點菜色也很豐富。
（→P8）。

DATA
🚇M1、3號線DUOMO站步行5分
🏠Via Filodrammatici 2 📞(02)72094338 🕐12時～14時30分、20～24時 🈳週日、週六午間 💰午💰晚€80～

布雷拉美術館周邊 **MAP** 別冊P12B2

Bvlgari

擄獲米蘭人芳心的美食

位在米蘭寶格麗酒店內的義大利餐廳。品嘗得到充滿玩心的菜色。

DATA
🚇M3號線MONTENAPOLEONE站步行5分 🏠Via Fratelli Gabba 7B
📞(02)805805233 🕐7～11時（週六日～11時30分）、12時～14時30分、19時30分～23時 🈳無休
💰午€39～💰晚€50～

 有諳英語的員工 　 有英文版菜單 　 有著裝規定 　 需預約

Parma & Co
推薦享用休閒的午餐

最推薦的餐點為帕瑪生火腿、義式臘腸等的拼盤Salumi Misti Con Culatello€14。義大利麵也是一大招牌。

DATA
🚇M2號線MOSCOVA站步行5分
🏠Via Delio Tessa 2
📞(02)89096720
🕐10～15時、17～22時30分（週日12～16時）🈺8月中3週 💰午晚€15～

Mamma Rosa
熟客眾多的海鮮專賣店

新鮮海產很受歡迎的餐廳。重視食材原味的鹽烤七星鱸等菜色都頗受好評。葡萄酒以義大利產、法國產為中心，約200種。

DATA
🚇M3號線REPUBBLICA站步行7分
🏠Piazza Cincinnato 4 📞(02)29522076 🕐12時～14時30分、19時～23時30分 🈺無休
💰午晚€45～

Rosy &Gabriele
輕鬆享用海鮮餐點

店門口陳列著非常新鮮的海產，可以自在惬意地用餐。充滿海鮮精華的海鮮燉飯最受歡迎。20時後店內往往客滿。

DATA
🚇M1號線PORTA VENEZIA站步行5分 🏠Via Sirtori 26 📞(02)29525930 🕐12～15時、19時～翌2時 🈺無休 💰午晚€25～

Panino Giusto
順道前往非常方便

以自家烤製的彈牙麵包做成的帕尼諾十分有名。除此之外，烤牛肉和馬鈴薯裝在同一盤、份量十足的York€11等，餐點十分多樣。

DATA
🚇M1號線PORTA VENEZIA站步行3分 🏠Via Malpighi 3 📞(02)29409297 🕐12時～翌1時 🈺無休 💰午晚€10～

La Terrazza
生猛海鮮菜色

位於飯店6F，地理位置極佳，可飽覽米蘭的街景。使用新鮮海產烹調的西西里風、威尼托風餐點，每一道發揮食材本身美味的簡單調味。

DATA
🚇M1號線LIMA站步行15分
🏠Hotel Galles Milan內
📞(02)204841 🕐19時30分～22時30分 🈺無休 💰午晚€40～

Osteria del Gambero Rosso
新鮮海產堪稱極品

以海鮮和披薩為賣點的店家。披薩1片€5～。義大利麵和燉飯等第一道主食€7～，海鮮、肉類等第二道主菜€12～為參考價格。

DATA
🚇M2號線GARIBALDI F. S.站步行10分 🏠Via Pasubio 6 📞(02)6571208 🕐12～15時、19時～翌2時 🈺無休 💰午晚€25～

Sadler
現代義大利菜的先驅

不斷推出創新義大利菜的餐廳。完全不使用奶油，口味爽口為其特徵，亦有使用生魚的菜色等。備有450種品牌的葡萄酒，酒單十分豐富。（→P8）

DATA
🚇M2號線ROMOLO站步行10分 🏠Via Ascanio Sforza 77 📞(02)58104451 🕐19時30分～23時 🈺週日、1月上旬 💰晚€110～

Il Luogo di Aimo e Nadia
義大利美食界的名店

全球美食界遠近馳名的知名餐廳。供應各種由托斯卡納菜色變化而來的獨家菜色。

DATA
🚇M1號線PRIMATICCIO站步行5分 🏠Via Montecuccoli 6 📞(02)416886 🕐12時30分～14時30分、19時30分～22時30分（週六19時30分～）🈺週日、8月中3週、1月第1週 💰午€40～晚€90～

Ristorante da Giacomo
海鮮非常美味的名店

該餐廳的餐點，使用的是由米蘭中央市場或西西里島港口每天空運進貨的海鮮。店內的裝潢採用現代混合古典的風格。

DATA
🚇M1號線PORTA VENEZIA站步行15分 🏠Via Sottocorno 5-6 📞(02)76023313 🕐12時30分～14時30分、19時30分～24時 🈺無休

 義大利美食的代表──義大利麵依照粗細、形狀、揉麵時添加的材料劃分為各種類型。據說義大利有650種以上的麵條，也有許多地方特產的鄉村義大利麵。

各國美食

雖然店家總數不多，但米蘭中央車站周邊座落著不少異國美食。也有頗受當地人好評的店家

專欄check

Ganas P37

Repubblica車站周邊 **MAP** 別冊P9D2

Endo

口味和裝潢都是一流的堅持

可品嘗到正統和食的店家。午餐時段提供6種划算的定食，其中1種為每日變換。晚餐則供應壽司、生魚片、油炸類、燉菜等。

DATA 🅴🍴
🚇M3號線REPUBBLICA站步行8分 🏠Via Fabio Filzi 8 📞(02)66986117 🕐12時～14時30分、19時～22時30分 🚫週日、8月中約2週 💰🕛€16～🌙€40～

Repubblica車站周邊 **MAP** 別冊P9D2

Miyako

平民日式料理相當豐富

推薦給突然想吃日式料理的觀光客。除了蕎麥麵＆生魚片的套餐，壽喜燒、涮涮鍋等餐點都不需預約，全年供應。

DATA
🚇M1號線PORTA VENEZIA站步行5分 🏠Via San Gregorio 23 📞(02)29513908 🕐11時45分～14時30分、18時45分～23時 🚫週一 💰🕛€10～🌙€22～

Porta Garibaldi車站周邊 **MAP** 別冊P8B3

大阪
Osaka

小菜也很多樣的道地和食

道地的日本口味，提供顧客熟悉的味道。生鮪魚薄片和高湯煎蛋捲等餐點都十分美味，廣受好評。

DATA 🅴
🚇M2號線MOSCOVA站步行3分 🏠Corso Garibaldi 68 📞(02)29060678 🕐12時～14時45分、19時～22時45分 🚫無休 💰🕛€14～🌙€50～

米蘭中央車站周邊 **MAP** 別冊P7D1

北京涮涮鍋
Fondue di Pechino

中央車站附近唯一的北京餐館

招牌菜即是店名的北京涮涮鍋€15。此外還供應可輕鬆享用的北京烤鴨€9、各種羊肉菜色等餐點。划算的午間套餐€5～。

DATA 🅴
🚇M1號線LIMA站步行15分 🏠Via Tadino 52 📞(02)29405838 🕐12～15時、18時30分～24時 🚫無休 💰🕛€15～

米蘭中央車站周邊 **MAP** 別冊P9C1

台灣料理
Specialità di Taiwan

在漂亮的店內品嘗道地滋味

可以品嘗到台灣人掌廚的道地台菜。砂鍋獅子頭€9、蝦仁鍋巴€8等餐點十分受歡迎。亦備有紹興酒。

DATA 🅴
🚇M2・3號線CENTRALE F.S.站步行8分 🏠Via Adda 10 📞(02)6702488 🕐11時30分～15時、19～23時 🚫週二、8月中1週 💰🕛€20～🌙€30～

Porta Garibaldi車站周邊 **MAP** 別冊P7C1

Taj Mahal

享用道地印度菜

很受當地義大利人歡迎。推薦的菜色是印度唐多里烤雞。週一～五的午間供應€7.50～13的午餐菜色。

DATA 🅴
🚇M3號線ZARA站步行8分 🏠Via L. Porro Lambertehghi 23 📞(02)69000245 🕐12時～14時30分、18時30分～23時30分 🚫無休 💰🕛€10～🌙€23～

納維利歐區 **MAP** 別冊P10A4

Bussarakham

品嘗傳統的高級泰國菜

洋溢異國風情的泰國菜餐廳。為配合義大利人口味降低辣度，但使用辛香料仍相當道地。週末晚上建議預約。

DATA 🅴🍴
🚇M2號線PORTA GENOVA F.S.站步行3分 🏠Via Valenza 13 📞(02)89422415 🕐12時～14時30分、19時～23時30分 🚫週一 💰🕛🌙€40～

Porta Romana車站周邊 **MAP** 別冊P7D4

Finger's

當地熱門的創意日式料理

很受年輕族群歡迎的餐廳。餐點以壽司、天麩羅等創新日式料理為中心，融合日本和中國風格的室內裝潢也相當講究。

DATA 🅴📖🍴
🚇M3號線LODI T.I.B.B.站步行5分 🏠Via San Gerolamo Emiliani 2 📞(02)54122675 🕐20～24時 🚫8月和12月中2週 💰🌙€60～

🅴有諳英語的員工 📖有英文版菜單 🚫有著裝規定 🍴需預約

咖啡廳&酒吧

米蘭不愧為時尚之都，市內座落著許多時髦的咖啡廳和酒吧。供應的甜點也是十分講究。

專欄Check♪

S.AMBROGIO站周邊 MAP 別冊P10B3

Cucchi
獨樹一格的老店
品嘗傳統知名點心

開張約80年的老字號甜點店。最推薦米蘭著名的耶誕水果麵包Panettone。若於店內享用，不妨選擇一口大小的點心拼盤Mignon Assort。

⬆Mignon Assort擺滿各色甜點

DATA
M2號線S. AMBROGIO站步行8分 Corso Genova 1
(02)89409793 7~22時
週一、8月中3週 €2~

米蘭大教堂周邊 MAP 別冊P12B3

Bar Grossi
也供應午餐輕食

有1、2F。雖是酒吧，但桌席也多，相當舒適。午餐時段玻璃櫃中會陳列生魚薄片等當日午餐菜色，輕鬆一指即可點餐。

DATA
M1號線CORDUSIO站步行2分
Via T. Grossi 10
(02)867070 6~20時
週日 €1~

布雷拉美術館周邊 MAP 別冊P12A1

Yellow Café
站著享用調酒

以黃色為主色調的店內營造出明亮爽朗的氣氛。傍晚時，吧檯前站滿前來享用餐前酒的顧客，十分熱鬧。很適合在購物後或晚餐順道前來。

DATA
M2號線LANZA站步行2分
Via Mercato 3 (02)89011705
7~21時 週日
調酒€6~

布雷拉美術館周邊 MAP 別冊P12B1

New Art Café
露天座位很受歡迎

牆上噴漆塗鴉的Art Café字樣為標的。午、晚餐供應的披薩最受歡迎。夜裡則以下酒菜為主。美術學校的學生和藝術家也經常光顧。

DATA
M3號線MONTENAPOLEONE站步行6分 Via Brera 23
(02)72080518 10時~翌2時
無休 €3~

史豐哲斯可城堡周邊 MAP 別冊P10B1

Pasticceria Marchesi
米蘭最古老的甜點店

1824年創業起，一直維持當初的外觀、裝潢、口味，貫徹傳統的老店。有眾多在地熟客。裝滿約30種點心的小禮盒最適合作為伴手禮。也有調酒等。

DATA
M1號線CAIROLI站步行5分
Via S.Maria alla Porta 11 (02)876730 7時30分~20時（週日8時30分~13時） 週一 €1~

布雷拉美術館周邊 MAP 別冊P8B3

Fashion Cafe
受廣大客層喜愛

室外設有沙發，可以一邊休息一邊享受喝酒聊天的樂趣。Happy Hour會供應橄欖等當日推薦的簡單下酒菜。

DATA
M2號線LANZA站步行3分
Piazza San Marco 1
(02)6572021 9時30分~翌2時
無休 調酒€8~15

Porta Garibaldi車站周邊 MAP 別冊P8B2

10 Corso Como Café
享受優雅咖啡時光

米蘭具代表性的精品店10 Corso Como附設的咖啡廳。位在時尚潮流發源地——加里波底區，購物途中不妨來此小憩。

DATA
M2號線GARIBALDI F.S.站步行5分 10 Corso Como內
(02)29013581 11時~翌1時
無休 €5~

義大利有許多餐飲店是利用中午到晚間的空檔休息。因觀光和購物錯過用餐時間時，不妨利用供應輕食的咖啡廳和酒吧。

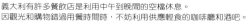

名牌精品

米蘭的名牌店集中在蒙特拿破崙大街和史皮卡大街之間的區域。此外地鐵的SAN BABILA站到往米蘭大教堂的維托·艾曼紐二世迴廊也有不少店家。

米蘭大教堂周邊　**MAP** 別冊P12B3

Prada

成立於1913年的熱門品牌

起源於創立者Mario Prada在米蘭開設的皮件店。保留創業當時「Fratelli Prada」店名的總店內，服飾和鞋子、皮包等商品相當齊全。

DATA
Ⓜ1、3號線DUOMO站步行2分
Galleria Vittorio Emanuele Ⅱ 63/65　(02)876979　10時～19時30分（週日～19時）　無休

蒙特拿破崙大街周邊　**MAP** 別冊P13C3

Etro

佩斯利渦紋為品牌特色

Etro總店內擺設骨董桃花心木家具和18世紀書作，營造出沉穩的空間。地下和1F販售皮包、2F為男裝、3F則是女裝。

DATA
Ⓜ1號線SAN BABILA站步行2分
Via Montenapoleone 5
(02)76005049
10時～19時30分　無休

蒙特拿破崙大街周邊　**MAP** 別冊P13C2 **Gucci**	地下和1F為皮包和女性用品，2、3F則是男裝。Ⓜ1號線SAN BABILA站步行5分　Via Montenapoleone 7　(02)771271　10～19時（週六～19時30分）　無休
蒙特拿破崙大街周邊　**MAP** 別冊P13C3 **Salvatore Ferragamo**	擺滿鞋子的室內總是聚集試穿的人潮。也販售服飾和皮包。Ⓜ1號線SAN BABILA站步行3分　Via Montenapoleone 3　(02)76000054　10時～19時30分（週日11～19時）　無休
蒙特拿破崙大街周邊　**MAP** 別冊P13D3 **Bvlgari**	1884年創立的高級珠寶品牌。暢銷的手錶、耳環和項鍊等商品相當齊全。Ⓜ1號線SAN BABILA站步行6分　Via Montenapoleone　(02)777001　10～19時（週六～一為11時～）　無休
蒙特拿破崙大街周邊　**MAP** 別冊P13D2 **Fendi**	1F陳列皮包和皮夾等鞋子以外的皮件，種類豐富。2F則是皮草大衣和服飾、飾品等。Ⓜ1號線SAN BABILA站步行5分　Via S. Andrea 16　(02)76021617　10～19時（週日11時～）　週日
蒙特拿破崙大街周邊　**MAP** 別冊P13D2 **Tod's**	1F陳列服飾和配件、2F則是鞋子。皮鞋是純手工製作，穿起來非常舒適。（→P28）Ⓜ1號線SAN BABILA站步行8分　Via Della Spiga 22　(02)76002423　10時～19時30分（週日13～19時）　無休
蒙特拿破崙大街周邊　**MAP** 別冊P13D2 **Dolce & Gabbana**	專門販售配件和飾品。女性服飾店位在同條街上的26號。（→P28）Ⓜ1號線SAN BABILA站步行8分　Via della Spiga 2　(02)795747　10時30分～19時30分　無休
蒙特拿破崙大街周邊　**MAP** 別冊P13C3 **Bottega Veneta**	以柔軟皮革編成的高實用性皮款及配件聞名的品牌。1F是皮包和鞋子等，地下樓層是服飾。Ⓜ1號線SAN BABILA站步行5分　Via Montenapoleone 5　(02)76024495　10～19時（週日11時～）　無休
蒙特拿破崙大街周邊　**MAP** 別冊P13D3 **Giorgio Armani**	以西裝為主，各類品項也相當齊全。地下的男裝樓層也販售高爾夫球裝。Ⓜ1號線SAN BABILA站步行3分　Via Montenapoleone 2　(02)76003234　10～19時　8月中旬數日
蒙特拿破崙大街周邊　**MAP** 別冊P13C4 **Max Mara**	高雅的禮服和休閒套裝等，多樣化的商品陣容是其魅力所在。Ⓜ1號線SAN BABILA站步行5分　Corso V. Emanuele Ⅱ　(02)76008849　10～20時（週日10時30分～）　無休
蒙特拿破崙大街周邊　**MAP** 別冊P13D3 **Miu Miu**	品牌名稱源自PRADA的設計師Miuccia的暱稱。販售服飾、皮包、鞋子、內衣等。Ⓜ1號線SAN BABILA站步行6分　Via S. Andrea 21　(02)76001799　10時～19時30分（週日11～19時）　無休
蒙特拿破崙大街周邊　**MAP** 別冊P13C4 **Furla**	實用性和簡約設計頗受歡迎的皮包專賣店。顏色款式也相當豐富。Ⓜ1、3號線DUOMO站步行5分　Piazza Liberti 2　(02)796943　10時～20時30分　無休
蒙特拿破崙大街周邊　**MAP** 別冊P13C3 **La Perla**	採用精製蕾絲的內衣、泳裝等。（→P27）Ⓜ1號線SAN BABILA站步行3分　Via Montenapoleone 1　(02)76000460　10～19時（週日11時～）　聖誕節和折扣季以外的週日、8月中2週

時裝

以講究商品種類為賣點的複合精品店大多位在科摩大道和布雷拉區。目標是名牌商品時，可由蒙特拿破崙大街到維托・艾曼紐二世迴廊逛起。

蒙特拿破崙大街周邊　MAP 別冊P13C2

Vierre

米蘭時尚界人士
愛用的品牌

該精品店販售Miu Miu、Jil Sander等，以義大利為中心的時尚鞋款。除了基本的女鞋，男鞋款式也相當充足。當紅的品牌眾多，是對於流行十分敏銳的米蘭人關注的焦點。

近蒙特拿破崙站，交通位置便利

DATA
3號線MONTENAPOLEONE站步行1分　Via Montenapoleone 29　(02)76001731　10～19時（週一15時30分～）　週一

蒙特拿破崙大街周邊　MAP 別冊P13C2

Daad Dantone

擺滿最流行的商品

商品選擇非常講究，在海內外擁有許多擁護者的精品店。適合年輕人的服飾和鞋子、飾品網羅休閒＆優雅的設計。也有日本品牌。

DATA
1號線SAN BABILA站步行1分　Via S.Spiriyo 24/A　(02)76002120　10時～19時30分（週一14時～）　週日

蒙特拿破崙大街周邊　MAP 別冊P13C2

Duvetica

優質的羽絨衣造成話題

來自威尼斯的羽絨衣品牌。使用法國出產優質灰鴨絨的羽絨衣非常受到歡迎。毛料滾邊的外套Adhara €470。
（→P10、20）

DATA
3號線MONTENAPOLEONE站步行5分　Via Santo Spirito 22　(02)76022967　10～19時　週日

S.AMBROGIO站周邊　MAP 別冊P10A3

Biffi

時尚界人士也十分推崇

複合精品店中的開拓者。除了Dries Van Noten、Martin Margiela等知名設計師商品外，也會發掘新銳設計師的作品。

DATA
2號線S.AMBROGIO站步行10分　Corso Genova 6　(02)8311601　10時～19時30分（週一15時～）　週日

蒙特拿破崙大街周邊　MAP 別冊P12B3

Valextra

米蘭優雅風格的代表

1937年創業的高級皮件名牌。兼具實用性和優雅美感的皮包、配件等商品皆是工匠們手工製作。做工紮實，廣受世人喜愛。

DATA
3號線MONTENAPOLEONE站步行5分　Via Manzoni 3　(02)99786060　10～19時　12月以外的週日

布雷拉美術館周邊　MAP 別冊P12A1

Clan

散發老闆獨到品味

受到女性喜愛的精品店，網羅涵蓋廣大年齡層的商品。商品均是老闆親自在展場、展示館中挑選而來。也販售Dondup等品牌。

DATA
2號線 LANZA站步行5分　Via Pontaccio 15　(02)875759　10時～19時30分（週一15時30分～、週日10時30分～）　無休

納維利歐區　MAP 別冊P10B3

Serendeepity

尋找優質的二手衣

該店販售二手的洋裝和鞋子、飾品等時尚單品。洋裝等商品都是僅此一件，因此建議看上了就立刻買下。

DATA
2號線PORTA GENOVA F.S.站步行10分　Corso di Porta Ticinese 100　(02)89400420　10時30分～20時（週日、一15時～）　無休

進入高級名牌店和專賣店時，請先打聲招呼吧。若想拿起商品觀看時，請務必詢問店員。不可擅自觸碰商品。

時尚單品 & 美妝品

以蒙特拿破崙大街為中心，座落著許多販售時尚配件的店家。

專欄Check ♪
Sermoneta Gloves … P21、28
No30 …………… P28
René Caovilla … P27

米蘭大教堂周邊　**MAP** 別冊P12B3

Plinio Visona
增添女性魅力的包款

1959年於維琴察創業的女用皮包品牌。以知性和優雅為主旨的包款，美麗的造型和用色都頗受好評。
色彩種類也很齊全。

DATA
🚇1、3號線DUOMO站步行2分
🏠Via G. Mengoni 1 📞(02)8690980
🕐10～14時、15～19時 ❌週日

米蘭大教堂周邊　**MAP** 別冊P13C4

Design Supermarket
全球的商品齊聚一堂

位於知名百貨公司La Rinascente B1F，專營設計商品的超市。網羅義大利等世界各國設計師的單品。
（→P20、21）

DATA
🚇1、3號線DUOMO站步行即到
🏠Piazza Duomo 📞(02)88581
🕐9時30分～21時（週五、六～22時、週日10時～）❌無休

米蘭大教堂周邊　**MAP** 別冊P12B3

Porselli
工匠手工製作的鞋款

擁有100年以上歷史的芭蕾舞鞋製造商。是許多專業舞者愛用的品牌。貼有鞋墊的休閒鞋款Ballerines
€90～是米蘭女孩必備的單品。（→P20）

DATA
🚇1、3號線DUOMO站步行5分
🏠Piazza P. Ferrari 6 📞(02)8053759
🕐9時～12時30分、15時～19時30分（週一15時～）❌週日

布雷拉美術館周邊　**MAP** 別冊P12A2

L'Erbolario
崇尚天然的身體保養品

以「天然＆單純」為主旨的天然美妝品牌L'ERBOLARIO的專賣店。販售草本精華沐浴用品和芳香精油、香皂等。

DATA
🚇1號線CAIROLI站步行10分
🏠Via dell'Orso 18 📞(02)804577
🕐9時30分～19時30分（週一12時30分～）❌週日、8月中旬

蒙特拿破崙大街周邊　**MAP** 別冊P13C2

Pellini
風格強烈的飾品

在米蘭設有3家分店的飾品店。使用水晶和合成樹脂呈現出翡翠、象牙質感的飾品非常受到歡迎。

DATA
🚇3號線MONTENAPOLEONE站步行1分 🏠Via Manzoni 20
📞(02)76008084 🕐10時～19時30分（週一15時30分～）
❌12月以外的週日、8月中2週

蒙特拿破崙大街周邊　**MAP** 別冊P13C3

Fornasetti
高藝術性的商品

畫家Piero Fornasetti於1940年代成立的家居品牌，也推出飾品等的產品線，販售許多藝術性的單品。

DATA
🚇1號線SAN BABILA站步行6分
🏠Corso Matteotti 1a
📞(02)89658040 🕐10時～19時（週一15時～）❌週日

布雷拉美術館周邊　**MAP** 別冊P12B1

F.Clio
老字號工坊的優質手提包

專營方便好用包款的品牌。販售柔軟但不易變形的皮包，以及結合皮革和尼龍、商務休閒的包款等。
€200～。
（→P20）

DATA
🚇2號線LANZA站步行6分
🏠Via Pontaccio 7
📞(02)80505000 🕐10～14時（週一除外）、15～19時 ❌週日

史豐哲斯可城堡周邊　**MAP** 別冊P10B1

Madina
米蘭品牌的美妝品

由為知名品牌開發化妝品的研究所推出，米蘭在地的化妝品品牌。口紅、眼影等商品，多樣的色彩選擇為其魅力所在。

DATA
🚇1號線CAIROLI站步行5分
🏠Via Tivoli 8
📞(02)860746
🕐10時～19時30分 ❌週日

🇪 有諳英語的員工

雜貨&廚房用品 &家居用品

充滿義大利特有的優雅設計和玩心的雜貨、廚房用品等，相當多元。

....

專欄Check♪

High-Tech ……P20、21、31
Bookstor Skira
Triennale ……… P34
Moroni Gomma …… P26

蒙特拿破崙大街周邊 MAP 別冊P13C2

Alessi

散發米蘭品味
可愛商品琳瑯滿目

義大利代表性的設計雜貨品牌Alessi的直營店。以廚房用品為中心，塑膠製、色彩繽紛具流行性的雜貨，也是直營店特有的豐富品項。樓上陳列該店初期設計的時尚不鏽鋼經典商品。玻璃櫥窗則展示創新設計的熱門商品。（→P10、21）

➡ 餐巾紙架
€36

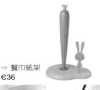

⬆類型豐富的雜貨琳瑯滿目

DATA ....
🚇Ⓜ3號線MONTENAPOLEONE
站步行1分 🏠Via Manzoni 14/16
📞(02)795726 🕙10~19時（週一10
~14時、15~19時） 🗓週日

蒙特拿破崙大街周邊 MAP 別冊P12A2

Fabriano

流行的文具用品

專營以馬爾凱大區法布里亞諾產的傳統紙張製作的原創文具用品。記事本、書信套組等商品，類型多樣。
（→P10、21）

DATA ....
🚇Ⓜ1號線CAIROLI站步行10分
🏠Via Ponte Vetero 17
📞(02)76318754 🕙10時~19時30分（1
~11月週日11~13時，14時~19時
30分。12月週日11~19時） 🗓無休

Porta Venezia車站周邊 MAP 別冊P9D3

Carpe Diem

繽紛可愛的商品

廚房用品和家居雜貨、文具用品等色彩繽紛又可愛的商品琳瑯滿目。也有不少客人因欣賞櫥窗的布置而駐足。

DATA ....
🚇Ⓜ1號線PORTA VENEZIA站步
行即到 🏠Viale Tunisia 1,angolo
B. Ayres 📞(02)29517833 🕙10時
~19時30分 🗓12月以外的週日

S.AMBROGIO站周邊 MAP 別冊P10A2

Rebus

有趣商品大集合

店內販售老闆Cristiana從世界各地蒐集而來的雜貨。例如裡面放有圖釘的透明馬桶座墊等，充滿獨特的商品。

DATA ....
🚇Ⓜ2號線S. AMBROGIO站步行5
分 🏠Via E de Amicis 35 📞(02)
58106157 🕙9時30分~19時30分
（週六10時30分~） 🗓週日、8月

蒙特拿破崙大街周邊 MAP 別冊P13D2

Armani/Casa

知名品牌的家居用品

為紀念Armani家居設計部門創立10週年，於2010年開幕的展場兼店面。擺設著家具的店內營造出宛如美術館般的氣氛。

DATA ....
🚇Ⓜ1號線SAN BABILA站步行3分
🏠Via S. Andrea 9 📞(02)76260230
🕙10~19時（週日11時~） 🗓12月
以外的週日

S.AMBROGIO站周邊 MAP 別冊P10A1

C&C

獨家布料種類豐富

販售家具和生活雜貨的店家。以蠶絲、喀什米爾羊毛、麻等材質製作的毛毯、披肩、高級毛巾、行家的手工家具等，品項十分多元。

DATA ....
🚇Ⓜ1號線CONCILIAZIONE站步
行10分 🏠Via Zenale 3 📞(02)
48015069 🕙14時~18時30分
🗓週六日、8月

S.AMBROGIO站周邊 MAP 別冊P10B2

Target

匯集獨特的雜貨！

喝酒用輪盤€15等派對用品和獨特的雜貨等，種類十分多樣，很受當地女高中生喜愛的店家。店內呈現繽紛、活潑的氣氛。

DATA ....
🚇Ⓜ2號線S. AMBROGIO站步行5分
🏠Corso di Porta Ticinese 1
📞(02)86917425 🕙10時30分~19時30分
（週日15~19時） 🗓12月以外的週日

除了名牌店、百貨公司外，個人經營的專賣店一般來說也不接受議價。極少數情況如大量購買時，才可能獲得一些折扣或是贈品。

食材&其他

食材店和葡萄酒專賣店
適合用於尋找伴手禮。

專欄Check♪

米蘭大教堂周邊 MAP別冊P12B3
Milano Libri
藝術和時尚的書籍很齊全

藝術和流行時尚相關的書籍非常齊全的書店。藝術家和時尚界人士、來自國外的客人等，在時尚愛好者之間相當有名。

DATA
M3號線MONTENAPOLEONE站步行10分 Via Verdi 2
(02)875871
10時~19時30分（週一11時~）
12月以外的週日、8月中約3週

蒙特拿破崙大街周邊 MAP別冊P13C2
Parini Drogheria
匯集優質的義大利食材

擁有80年以上歷史的食材店。販售老闆Angelo和Emilio兄弟2人，精心挑選的高品質食品，如橄欖油、醋等。

DATA
M3號線MONTENAPOLEONE站步行3分 Via Borgospesso 1
(02)36683500
8~22時
週日、8月15日前後2週

布雷拉美術館周邊 MAP別冊P12B2
Cavalli & Nastri
跨時代的骨董品

主要販售1920~70年代製作的高級訂製服，也有帽子、皮包、飾品等。大多數的服飾都是僅此一件。

DATA
M3號線MONTENAPOLEONE站步行5分 Via Brera 2
(02)72000449 10時30分~19時30分（週一15時30分~、週日12時~）無休

布雷拉美術館周邊 MAP別冊P9C3
Prdotti Naturali
深受米蘭人喜愛

販售天然食品、專營有機食材的超市。橄欖油和醋、葵花籽等商品種類豐富。店內也設有咖啡廳區域。

DATA
M2號線LANZA站步行3分 Piazza San Marco 1
(02)29013254 10時~19時45分（週日15時~19時30分）
8月週日、8月15日

布雷拉美術館周邊 MAP別冊P9C3
N'Ombra de Vin
教堂地下的葡萄酒專賣店

老闆Cristiano蒐羅了1000種來自世界各地的葡萄酒。15世紀的建築散發沉穩氛圍，亦附設葡萄酒吧。

DATA
M2號線LANZA站步行3分 Via San Marco 2
(02)6599650 9時~翌1時（葡萄酒吧18時30分~）
8月15日前後2週

布雷拉美術館周邊 MAP別冊P12A2
Salumeria Strada & Zucca
米蘭人常去的食材店

在當地很熱門的小型食材店。松露奶油€9.80和添加松露的橄欖油小瓶€9.40、大瓶€13.60、義大利香醋€8.80~等，販售精選的商品。（→P12）

DATA
M1號線Cairoli站步行5分 Piazza del Carmine 1 (02)86460631 7時30分~13時45分、15時30分~19時30分 週日

Porta Garibaldi車站周邊 MAP別冊P9C2
Enoteca Cotti
對葡萄酒無所不知

擁有50年以上歷史的老字號葡萄酒專賣店。從平價的葡萄酒，到一支數十萬的骨董酒等，販售的葡萄酒類型多元，價格€4.50~。

DATA
M2號線MOSCOVA站步行5分 Via Solferino 42 (02)29001096
9-13時、15-20時
週日一、8月

S.AMBROGIO站周邊 MAP別冊P10A2
Pam
適合選購伴手禮的超市

聖安布羅吉歐教堂附近的超級市場。除了即食產品、義大利麵、咖啡、點心等食品類，雜貨的種類也很豐富。熟食區種類也很齊全。

DATA
M2號線S. AMBROGIO站步行2分 Via Olona 1/3
(02)58104009 8時~21時30分（週日~21時）無休

頂級&高級飯店

米蘭的大門中央車站周邊、以及觀光勝地米蘭大教堂周邊有許多一流的飯店。此外，蒙特拿破崙大街周邊也聚集不少熱門的飯店。不妨在雅致的空間中渡過充實的時光。

蒙特拿破崙大街周邊　MAP 別冊P13C2

Four Seasons Hotel Milano
頂級的私人空間

由14世紀的修道院改建而成的高級飯店。擺設木製家具的客房以米色為主色調，呈現典雅時尚的空間。優美的擺設和美麗的庭園也很吸睛。

DATA
交 M3號線MONTENAPOLEONE站步行5分　住Via Gesù 6/8　(02)77088　費S T～€879　118間　★★★★★L

蒙特拿破崙大街周邊　MAP 別冊P13C2

Grand Hotel et de Milan
威爾第等音樂家固定下榻

自1863年開業以來，便受到瑪麗亞·卡拉絲、海明威等名人的喜愛，威爾第甚至在該飯店長住27年。莊嚴的骨董品營造出豪華感。

DATA
交 M3號線MONTENAPOLEONE站步行即到　住Via Manzoni 29　(02)723141　費S T€370～　95間　★★★★★

Repubblica車站周邊　MAP 別冊P9C2

Hotel Principe di Savoia
典雅的豪華飯店

四處都是令人聯想到中世紀城堡的室內裝潢，同時也配有現代化設備的飯店。顧客名單中有多位世界級巨星，是一間名門飯店。

DATA
交 M3號線REPUBBLICA站步行3分　住Piazza della Repubblica 17　(02)62301　費S～€640 T～€870　300間　★★★★★L

米蘭大教堂周邊　MAP 別冊P12B4

Straf
獨特的室內裝潢
深具魅力的設計型飯店

位於米蘭大教堂前方的時尚設計型飯店。入口處鑲有珍珠的鐵製藝術品，以及大廳區域內的現代化擺設等，營造出充滿個性的迎賓空間。客房內以單一色調為基礎，呈現簡約的設計；考量顧客的私人時光，也統一採用沉靜的室內擺設。附設的時尚酒吧也值得一去。

↑玻璃天花板的大廳充滿開放感
→全客房均設有衛星電視和網路，功能完善

DATA
交 M1、3號線DUOMO站步行即到　住Via San Raffaele 3　(02)805081　費S€308～ T€326～　64間　★★★★

Repubblica車站周邊　MAP 別冊P9D2

The Westin Palace, Milan
兼具典雅和現代感

客房內以沉穩的木製家具、天鵝絨的窗簾等營造出古典的氛圍，不過色調及用品卻十分現代化。以地中海菜色為賣點的餐廳也相當受歡迎。

DATA
交 M3號線REPUBBLICA站步行到　住Piazza della Repubblica 20　(02)63361　費S～€618 T～€661　227間　★★★★★L

米蘭大教堂周邊　MAP 別冊P12B3

Park Hyatt Milano
絕佳的地理位置

迴廊就在對面，觀光和購物都很方便。飯店改建自宮廷風的歷史建築，裝潢典雅，住起來相當舒適。飯店內附設的SPA也相當吸引人。

DATA
交 M1、3號線DUOMO站步行3分　住Via Tommaso Grossi 1　(02)88211234　費S€490～ T€540～　106間　★★★★★L

米蘭大教堂周邊　MAP 別冊P12B4

Hotel Spadari
近代設計師打造的飯店

米蘭知名建築師Urbano Pierini打造的現代風裝潢是飯店的一大特色。由大廳到客房的室內擺設都是充滿才氣的藝術作品。

DATA
交 M1、3號線DUOMO站步行2分　住Via Spadari 11　(02)72002371　費S T€240～　40間　★★★★

 有諳英語的員工　 餐廳　 泳池　 健身房

 米蘭大教堂周邊　MAP 別冊P13C4

Starhotels Rosa Grand

位置絕佳的私房飯店

後方便是米蘭大教堂所在的熱鬧地點。飯店內氣氛沉靜，客房十分寬敞，可舒適地充分休息。1F的酒吧營業至深夜1時。

DATA
交M1、3號線DUOMO站步行3分 住Piazza Fontana 3 ☎(02)8831 費S€230~ T€230~ 327間
★★★★

布雷拉美術館周邊　MAP 別冊P12B2

Bvlgari Hotels & Resorts Milano

成熟的都會型渡假飯店

義大利最具代表性的珠寶品牌Bvlgari打造的設計型飯店。客房內的備品也都是Bvlgari提供，四處都散發著高雅品味。

DATA
交M3號線MONTENAPOLEONE站步行5分 住Via Fratelli Gabba 7B ☎(02)8058051 費S€605~ T€715~ 58間 ★★★★★L

米蘭中央車站周邊　MAP 別冊P9D1

Best Westen Atlantic Hotel

靠近火車站相當方便

近米蘭中央車站，離地鐵出入口也近，是移動上非常方便的交通位置。室內雖不寬敞，但是重新裝潢後相當整潔。飯店員工也很親切。

DATA
交M2、3號線CENTRALE F.S.站步行2分 住Via Napo Torriani 24 ☎(02)6691941 費S€90~270T€135~370 62間 ★★★★

米蘭中央車站周邊　MAP 別冊P9D1 **Hilton Milan** ★★★★	商務客也常利用的美式現代化飯店。設備十分齊全。 交M2、3號線CENTRALE F.S.站步行3分 住Via L. Galvani 12 ☎(02)69831 費S€230~T€250~ 319間	
米蘭中央車站周邊　MAP 別冊P9D1 **Excersior Hotel Gallia** ★★★★★	位在米蘭中央車站前的奧斯塔公爵廣場對面，1932年開張的飯店。 交M2、3號線CENTRALE F.S.站步行即到 住Piazza Duca d'Aosta 9 ☎(02)67851 費需洽詢	
米蘭大教堂周邊　MAP 別冊P11C2 **Hotel Brunelleschi** ★★★★	黑、白二色的大理石打造的入口呈現後現代風，部分客房無浴缸。 交M3號線MISSORI步行5分 住Via Baracchini 12 ☎(02)88431 費S€180~375T€220~450 172間	
米蘭中央車站周邊　MAP 別冊P9D1 **Hotel Michelangelo Milano** ★★★★	貼心細膩的服務和功能性吸引許多商務人士和旅客。交M2、3號線CENTRALE F.S.站步行1分 住ViaScarlatti 33 ☎(02)67551 費S€140~ T€190~ 305間	
米蘭大教堂周邊　MAP 別冊P13C3 **Hotel de la Ville** ★★★★	觀光和購物都很方便。歐式的沉靜客房呈現雅致的風格。 交M1、3號線DUOMO站步行5分 住Via Hoepli 6 ☎(02)867651 費ST€250~418 109間	
米蘭中央車站周邊　MAP 別冊P9D1 **Hotel Berna** ★★★★	位在距米蘭中央車站僅100公尺的範圍內。可免費使用網路。 交M2、3號線CENTRALE F.S.站步行3分 住Via Napo Torriani 18 ☎(02)677311 費S€79~T€109~ 121間	
米蘭大教堂周邊　MAP 別冊P13C4 **Hotel Ambasciatori** ★★★★	購物、觀光都很方便。客房內天花板挑高，營造出開闊感。餐廳僅供應早餐。 交M1、3號線DUOMO站步行5分 住Galleria del Corso 3 ☎(02)76020241 費S€150~251T€200~337 93間	
共和廣場周邊　MAP 別冊P9C3 **NH Milano Touring** ★★★★	功能性的商務型飯店。統一成暖色調的客房相當寬敞，景觀也佳。交M3號線REPUBBLICA站步行3分 住Via Ugo Tarchetti 2 ☎(02)63351 費S€150~ T€180~ 282間	
布雷拉美術館周邊　MAP 別冊P13C1 **Hotel Cavour** ★★★★	以大量大理石打造的大廳散發高級感。客房十分寬敞舒適。 交M2號線TURATI站步行3分 住Via Fatebenefratelli 21 ☎(02)620001 費S€122~273T€157~313 121間	
Repubblica車站周邊　MAP 別冊P9D2 **Hotel Sanpi** ★★★★	裝飾大廳和中庭的花卉、各客房皆不同花色的床單等，相當受女性歡迎。交M1號線POHTA VENEZIA站步行5分 住Via Lazzaro Palazzi 18 ☎(02)29513341 費S~€350T~€450 79間	
Porta Garibaldi車站周邊　MAP 別冊P8B1 **Atahotel Executive** ★★★★	米蘭規模最大的飯店。飯店內亦設有以米蘭菜、葡萄酒為賣點的餐廳、酒吧和商店。交M2號線GARIBALDI F.S.站步行即到 住Via Don Loigi Sturzo ☎(02)62941 費S€109~T€129~ 420間	
Porta Garibaldi車站周邊　MAP 別冊P8B3 **Carlyle Brera** ★★★★	現代化設計的大廳令人印象深刻。近地鐵站非常方便。有租賃自行車。交M2號線MOSCOVA站步行2分 住Corso Garibaldi 84 ☎(02)29003888 費S€160~490T€200~900 97間	

 有諳英語的員工　 餐廳　 泳池　健身房

其他推薦飯店

米蘭有許多規模雖小卻相當整潔的飯店。價格相對低廉是一大魅力，小型旅店獨有的貼心款待也是特色之一。由於房數較少，建議儘早預約。

S.AMBROGIO站周邊　**MAP** 別冊P10A1

Antica Locanda Leonardo

溫馨的服務深具吸引力

位於閑靜的高級住宅區，溫馨的服務是該飯店吸引人的地方。建築物的一部分為飯店，進大門後往內走就是入口。

DATA
🚇M1號線 CONCILIAZIONE 站步行5分　🏠Corso Magenta 78
📞(02)48014197
🛏️Ⓢ€120～Ⓣ€170～　20間　★★★

米蘭大教堂周邊　**MAP** 別冊P12A4

Hotel Gran Duca di York
改建自昔日的圖書館

飯店位在通往市區中心的步行範圍內，位置絕佳。建築建於18世紀，大廳和客房內擺設著19世紀裝飾藝術風格的家具。每年12月23～27日公休。

DATA
🚇M1號線CORDUSIO站步行3分
🏠Via Moneta 1　📞(02)874863
🛏️Ⓣ€168～　33間
★★★

史豐哲斯可城堡周邊　**MAP** 別冊P12A3

Hotel London
以方便舒適為賣點

小巧的飯店，客房和入口統一使用深綠色調，營造出沉靜的風格。浴室僅淋浴，不過所有客房衛星電視、空調等設備完善，十分舒適。

DATA
🚇M1號線CAIROLI站步行3分
🏠Via Rovello 3
📞(02)72020166
🛏️Ⓢ～€150Ⓣ～€240　29間　★★

REPUBBLICA站周邊　**MAP** 別冊P9D2

Hotel Ibis Milano Centro

提供舒適住宿時光的飯店

備有舒適的床鋪和機能性的衛浴空間、網路等，現代化的舒適客房十分受歡迎。飯店1987年創立，近市民公園，周邊亦有不少餐廳。

DATA
🚇M3號線REPUBBLICA站步行5分
🏠Via Finocchiaro Aprile 2
📞(02)63152
🛏️ⓈⓉ€89～　437間　★★★

米蘭中央車站周邊　**MAP** 別冊P9D1

Hotel Marconi
招牌是在中庭享用的早餐

在義大利國內的旅遊指南「Gambero Rosso」中獲選為3星最佳飯店，優質服務具有一定評價。已完成翻修，進一步加強了功能性。

DATA
🚇M2、3號線CENTRALE F. S.站步行5分　🏠Via F. Filzi 3　📞(02)66985561　🛏️Ⓢ€90～180Ⓣ€150～230　68間　★★★★

米蘭中央車站周邊　**MAP** 別冊P9D1 **Hotel Augustus**　★★★	位置方便且設備完善，費用卻很親民。相當受長期居留者和二次觀光的遊客歡迎。🚇M2、3號線CENTRALE F.S.站步行2分　🏠Via Napo Torriani 29　📞(02)66988271　🛏️Ⓢ€90～Ⓣ€138～　56間	
米蘭大教堂周邊　**MAP** 別冊P12A3 **Hotel Star**　★★★	位在巷弄內，外觀雖不起眼但客房十分整潔。單人房僅淋浴。🚇M1號線CORDUSIO站步行5分　🏠Via dei Bossi 5　📞(02)801501　🛏️Ⓢ€60～210Ⓣ€69～250　30間	
米蘭大教堂周邊　**MAP** 別冊P10B2 **Hotel Ariston**　★★★	採用大量自然景觀、使用再生紙等，重視環保的設計型旅館。🚇M3號線MISSORI站步行8分　🏠Largo Carrobbio 2　📞(02)72000556　🛏️Ⓢ€110～Ⓣ€360～　52間	
米蘭中央車站周邊　**MAP** 別冊P9D2 **Hotel Mennini**　★★★	周邊有許多餐廳、商店。客房採沉穩的設計。🚇M2、3號線CENTRALE F.S.站步行8分　🏠Via Napo Torriani 14　📞(02)6690951　🛏️Ⓢ€60～Ⓣ€90～　63間	
Porta Venezia車站周邊　**MAP** 別冊P9D3 **Hotel Fenice**　★★★	都會型設計俐落的客房。全客房備有電視、小冰箱。飯店內也有酒吧。🚇M1號線PORTA VENEZIA站步行3分　🏠Corso Buenos Aires 2　📞(02)29525541　🛏️Ⓢ€79～Ⓣ€99～　46間	
Porta Garibaldi車站周邊　**MAP** 別冊P9C2 **Hotel Antica Locanda Solferino**　★★	有不少日本旅客、氣氛溫馨的旅館。房間十分寬敞，可供3人同住。🚇M2號線MOSCOVA站步行5分　🏠Via Castelfi dardo 2　📞(02)6570129　🛏️Ⓢ€130～Ⓣ€175～　11間	

🎵 大部分的飯店即使在退房後也能寄放行李，因此離出發前有段空檔時可以妥善利用。貴重物品需隨身攜帶。寄放的行李若為易碎物品也請在當下告知。

手指輕鬆點餐♪
義大利經典菜色型錄

Vol. 1

充滿各地區魅力的義大利菜。從Antipasto（前菜）
到Primo Piatto（第一道主食）、Secondo Piatto（第二道主菜）、Pizza、Dolce（甜點）、咖啡等。
由眾多的美食當中，選出最經典的一道！只要動動手指，就可輕鬆點餐。

前菜 | Antipasto ▶ 大多使用當地食材和當季蔬菜。以冷盤為主，種類豐富。

Crostini
薄片麵包放上起司
和生火腿、肉醬等的
開胃小點。

Affettato Misto
生火腿薄片和
義式臘腸等的拼盤。
最適合佐葡萄酒的下酒菜。

Mozzarella di Buffala
水牛乳的莫札瑞拉起司。
口感綿密，
牛奶味十足。

Fritto di Fior di Zucca
鑲填莫札瑞拉起司
和鯷魚後油炸的
櫛瓜花。

第一道主食 | Primo Piatto ▶ 主菜前的義大利麵或湯品、燉飯等。大多份量十足。

Spaghetti al Pomodoro
突顯番茄甜味和酸味的
茄汁義大利麵。多半搭配
較細的麵條。

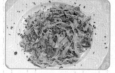

Tagliatelle ai FunghiPorcini
吃得到牛肝菌的香氣。
牛肝菌義大利麵
用的是寬麵。

Trenette al Pesto Genovese
以羅勒、松子、
帕馬森起司製成的
青醬義大利麵。

Ravioli alla Caprese
包裹瑞可達起司的
義大利麵餃。
內餡視地區而異。

Penne all'Arrabbiata
以大蒜和紅辣椒調味，
香辣的辣椒茄汁筆管麵。

Gnocchi al Pomodoro
特色是有嚼勁的口感，
以番茄醬烹調的
番茄義式麵疙瘩。

Spaghetti alla Carbonara
煮熟的麵條拌上培根、
生蛋、起司、胡椒的
培根雞蛋麵。

Fettuccine al Nero di Seppia
拌入新鮮墨魚汁的寬扁麵。
常見於北部靠海的地區。

Spaghetti alla Pescatora
滿滿海鮮的義大利麵。
以高湯提味的醬汁
非常美味。

Risotto alla Pescatora
米飯加入淡菜、長臂蝦等
海鮮及番茄 一起炊煮的
海鮮燉飯。

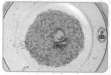

Risotto ai Funghi Porcini
牛肝菌燉飯。
以雞肉清湯炊煮的米飯
散發美味香氣。

Ribollita
在蔬菜和豆類的湯品中加入
麵包，是托斯卡納地區的
經典家常菜。

手指輕鬆點餐♪
義大利經典菜色型錄

Vol. 2

展現義大利地方特色的Secondo Piatto。
大多是份量十足的菜色，因此也可分食。披薩可至披薩專賣店品嚐。

第二道主菜 | Second Piatto → 備有肉類菜色Carne和海鮮類Pesce的主餐菜色。

Bistecca alla Fiorentina

炭烤翡冷翠丁骨牛排
翡冷翠的名菜。

Trippa alla Romana

以番茄醬汁燉煮牛肚。
羅馬風味添加了薄荷。

Bracioline d'Abbacchio

炭烤羔羊肉。
灑上大量香草和胡椒燒烤。

Saltimbocca alla Romana

小牛肉片鋪上生火腿等
再煎熟的羅馬家常菜。

Vitella

香煎小牛肉。
每家餐廳的醬汁風味
都不同。

Zuppa di Pesce

加入大量蝦、花枝、
海瓜子等魚貝類
燉煮的海鮮湯。

Scampi alla Griglia

炭烤對半切的長臂蝦。
嘗得到鮮甜和
彈牙的口感。

Acqua Pazza

義式水煮魚。
七星鱸和三線磯鱸
最為常見。

披薩 | Pizza → 義大利美食的代表。種類非常多，建議至專賣店品嚐。

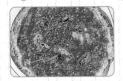

Pizza Marinara

番茄醬和大蒜、
奧勒岡葉的披薩。
名稱源自漁夫一詞。

Pizza Margherita

番茄醬、莫札瑞拉起司、
羅勒葉等義大利色彩的
瑪格麗特披薩。

Pizza Napoletana

食材有莫札瑞拉起司、
鯷魚、番茄的
拿坡里披薩。

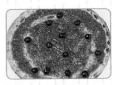

Pizza Siciliana

番茄醬鋪上橄欖、
鯷魚等的西西里披薩。

Pizza Capricciosa

隨意的意思。擺滿菇類、
雞蛋等各種食材的
主廚披薩。

Pizza Quattro Stagioni

餅皮上分成4種口味
鋪上餡料。
食材視店家而異。

Calzone

餅皮對摺包裹
莫札瑞拉起司、
火腿等為餡料的披薩餃。

Foccacia

據說是披薩的前身，
西元前就已經出現的
佛卡夏麵包。

手指輕鬆點餐♪
義大利經典菜色型錄

餐後的甜點和咖啡廳的餐點種類也十分多元。
難以決定該點哪一樣。當然也別錯過義式冰淇淋！

Vol. 3

{ 甜點 | Dolce } 從提拉米蘇等的經典款，到充滿地方特色的甜點，種類豐富！

Macedonia	Babà	Cannolo	Sfogliatela	Tiramisu
水果沙拉，以加入白酒等調味的糖漿浸泡水果而成。	以蘭姆酒基底的糖漿浸漬海綿蛋糕，拿坡里著名甜點。	以炸過的麵皮包裹瑞可達起司餡的西西里島甜點。	貝殼狀的派皮包裹瑞可達起司餡的南義甜點千層酥。	以馬斯卡邦起司製作的提拉米蘇。咖啡的香氣撲鼻。

{ 咖啡＆飲品 | Caffè&Bevande } 小憩時不可或缺的飲料。想添加鮮奶油時，就說聲Con Panna吧！

Cappuccino	Caffè Freddo	Espresso	Caffè Macchiato	Birra	Spumante
濃縮咖啡加上奶泡的卡布奇諾。推薦早餐時飲用。	冰咖啡。大多都有加糖。	義大利的「Caffè」就是濃縮咖啡。特色是以蒸汽萃取、有層次的風味。	濃縮咖啡加上少許奶泡的瑪琪朵。	啤酒。Nastro Azzurro和Moretti是義大利經典的品牌。	義大利的氣泡葡萄酒。多作為餐前酒。

{ 口味多元的義式冰淇淋！ } 新鮮風味、色彩繽紛的道地義式冰淇淋，清爽口感深具魅力。

草莓
Fragola
特色是淡淡甜味的經典款

櫻桃的一種
Visciole
獨特酸味令人欲罷不能

Gianduja
使用杜林的巧克力，風味濃郁。

檸檬
Limone
香氣濃郁口味清爽

巧克力
Cioccolata
從濃郁到奶味十足等風味多樣

開心果
Pistacchio
散發果仁香氣的熱門款

榛果巧克力

鳳梨
Ananas
酸味和香氣十分誘人的風味

事先預習就不需擔心！
簡單易懂點餐教學

column

美食也是義大利之旅重要的一環。
只要能看懂菜單和掌握用餐流程，就能更愉快地享用美食。

義大利菜常見的菜單架構

MENU

ANTIPASTI
Granceola Condita
Affettato Misto

PRIMI PIATTI
Spaghetti al Pomodoro
Fettuccine al Nero di Seppia

SECONDI PIATTI
Ossobuco
Acqua Pazza

CONTORNI
Insalata di Rucola
Arrosto di Patate

DOLCI
Tiramisu
Pannacotta

ANTIPASTI（前菜）

以出餐迅速的冷盤為中心的簡單菜色。大多數的餐廳均有供應綜合前菜拼盤。

CHECK!
●Insalata…沙拉
●Misto…拼盤

SECONDI PIATTI
（第二道主菜）

主菜。大多會區分為肉類和海鮮類。也有部分店家會提供當天推薦菜色（Piatto del Giorno）。

CHECK!
●Carne…肉類菜色
●Pesce…海鮮類菜色

PRIMI PIATTI（第一道主食）

主要是義大利麵、燉飯，份量較多。湯品也歸於此類。

CHECK!
●Zuppa
…湯
●Minestra
…含配料的湯

CONTORNI（配菜）

以蔬菜類的餐點居多。有的餐廳也會寫作Insalata（沙拉）、Verdura（蔬菜）。

DOLCI（甜點）

餐後的甜點。一般會搭配濃縮咖啡或Grappa等餐後酒。

點餐的基本流程

1 請先訂位

雖然不一定要訂位，但是在熱門店家或週末晚餐時段時，事先訂位較能放心。可以委託飯店服務人員代為訂位，請別忘了給些小費。沒有訂位時，早點前往餐廳，大多還有空位。

2 點餐

全套的菜色為前菜→第一道主食→第二道主菜＋配菜＋甜點，但是義大利菜選全套的人很少。如前菜→第二道主菜→咖啡等搭配方式較為自由，不妨點些想品嘗的餐點。先點進前菜和第一道主食，再視食量點餐也OK。麵包大多已包含在餐桌費中。

3 點飲料

基本上是葡萄酒和水，不過也可以只點水。若不講究葡萄酒品牌，則推薦餐廳特色酒。水則分為有無氣泡2種。其他如餐前酒，以氣泡葡萄酒Spumante和金巴利蘇打較常見。啤酒一般也是在餐前先喝一杯。

4 選甜點

甜點是在用餐完畢後點選。餐後酒（→P62）有酒精濃度高的Grappa、甜酒類的Vin Santo等，也是在此時點選。餐後一般而言是喝濃縮咖啡而非卡布奇諾。

5 桌邊結帳

要求結帳時，負責人會將帳單放在盤子上拿過來，請仔細確認帳單內容。若是沒有問題只要將現金或信用卡放在盤子上即可。信用卡支付時也可寫上加了小費的總金額再簽名。午間人潮較多的時段結帳較花時間，若是在休閒風的餐廳，可以直接到櫃台結帳。

6 小費

大部分的店家會在帳單上加進服務費，基本上不需額外支付，不過也可以在桌上放約€2～5（餐廳為€5～10）聊表感謝之意。若店家沒有加上服務費時，基本是總金額的15%。請不要直接交到對方手上，而是放在找回零錢的盤子上等處。

小建議

著裝規定

雖然基本上店家不會以服裝為由拒絕顧客，但配合店家氣氛穿著合適的服裝，服務態度也會較為細心。進入高級餐廳用餐時，建議男性可穿著西裝外套，女性則可穿著較正式的洋裝等。

多數餐廳可共享餐點

大多數的店家都可接受多人共享餐點，但點餐時需先告知。若想表達「請將餐點分為2份」時，在餐點名稱後加註Dividere in due即可。

披薩專賣店

披薩是最常當作便當和宵夜的速食，而到專賣店享用披薩對義大利人來說十分稀鬆平常。每間店家的配料和餅皮厚薄皆不同，可以吃出不同特色。

義大利葡萄酒單

義大利自古以來就盛行釀造葡萄酒。
隨著風土、氣候等因素葡萄品種也有所差異，有許多充滿當地特色的葡萄酒。

皮埃蒙特大區周邊

義大利名聞遐邇的頂尖葡萄酒產地。
除了高級紅酒，果香濃郁的
AstiSpumante（氣泡葡萄酒）也很出名。

Barolo
有義大利葡萄酒
之王的美譽。
口感醇厚酸度
較高的紅酒

Barbaresco
和barolo齊名，
被譽為酒中之后，
口感高雅香氣
強烈的紅酒

威尼托大區周邊

主要產地集中於維洛那周邊。
白葡萄酒的Soave十分有名。紅酒則有義大利
具代表性的日常餐酒Valpolicella、Amarone等。

Amarone
以風乾葡萄釀造的
紅酒。特色是醇厚、
富含層次的風味和
獨特的香氣

Soave
口感清爽帶酸味的
白葡萄酒，
適合搭配海鮮，
在威尼斯很受歡迎

托斯卡納大區周邊

在廣大土地上栽種葡萄，每個地區都有高品質的
葡萄酒。Chianti等十分有名。以獨特調配方式，
創造出來的Super Tuscan也十分受人矚目。

Brunello di Montalcino
托斯卡納葡萄酒
之王。帶有柔和的
酸味的甘美葡萄酒

Chianti
該款紅酒是義大利
葡萄酒的代表。
品質極佳、
風味均衡。

拉齊奧大區周邊

以果香濃郁的白葡萄酒產地聞名。
Frascati和同為白葡萄酒Est!Est!Est!相當出名。
也有許多高品質的餐酒。

Castelli Romani
適合搭配重口味的
羅馬地方菜色，
帶酸味的紅酒

Frascati
經熟成略帶酸味的
白葡萄酒，也適合
佐傳統的肉類菜色

坎帕尼亞大區周邊

中心是拿坡里的坎帕尼亞大區，
以內陸區為中心自古便是盛行栽種葡萄的地方。
長時間熟成的紅酒Taurasi是南方代表性的酒款。

Taurasi
坎帕尼亞大區
代表性的紅酒。
特色是強烈的風味

Lacryma Christi del Vesuvio
紅、白葡萄酒的產地。
維蘇威山麓產的酒
口感圓融略酸

西西里大區

歷史悠久、西元前7世紀時起便開始釀造
葡萄酒的產地。在埃特納火山周邊釀造的Etna和
加烈葡萄酒Marsala非常著名。

Etna
在埃特納山麓高地釀造，富含礦物質的
葡萄酒。有爽口的白酒、醇厚的紅酒。

皮埃蒙特大區
周邊

威尼托大區
周邊

托斯卡納大區周邊

拉齊奧大區周邊

坎帕尼亞大區周邊

西西里大區

餐後酒

餐酒選擇最適合義大利菜的葡萄
酒，品嘗甜點時就選擇餐後酒吧。
也推薦檸檬風味的Limoncellu。

Grappa
常見的餐後酒。
以釀造葡萄酒時的
葡萄渣經發酵後
製作的蒸餾酒

Vin Santo
甜味的餐後酒。
以風乾葡萄釀造，
風味豐富的甜酒

Venezia

威尼斯

漫遊縱橫交錯的水路，
不妨體驗一趟賈多拉船
之旅（→P78）

重點一把抓！
Venezia區域 *Navi*

1 San Polo MAP 別冊 P16B1
聖保羅區

以聖保羅教堂為中心，位於雷雅托橋和學院橋中間較為安靜的區域。交錯縱橫的小巷弄中座落著工匠的工坊，亦有許多當地人也時常光顧的美食景點。

CHECK!
- 聖保羅教堂(→P89)
- 聖洛可大會堂(→P81)
- 聖洛可教堂(→P89)

最近站點>>> Ⓥ1·2線S.TOMA站

2 Dorsoduro
硬壤區 MAP 別冊 P14A3

藝術景點聚集的區域。除了收藏大量威尼斯畫派作品的學院美術館、佩姬‧古根漢收藏館，現代藝術的海關塔美術館也值得一看！

CHECK!
- 學院美術館(→P82)
- 安康聖母院(→P83)
- 佩姬‧古根漢收藏館(→P82)
- 海關塔美術館(→P83)

最近站點>>> Ⓥ1·2線ACCADEMIA站、Ⓥ1線SALUTE站

3 Piazza San Marco
聖馬可廣場 MAP 別冊 P17C3

該區域中心是拿破崙讚譽為「全世界最美的廣場」的聖馬可廣場，供奉著從亞歷山卓運來的聖馬可遺骨的聖馬可大教堂、大鐘樓等，觀光景點雲集。

CHECK!
- 聖馬可廣場(→P74)
- 鳳凰劇院(→P77)
- 聖史蒂諾教堂(→P77)
- 採購名牌(→P76)

最近車站>>> Ⓥ1·2線S.MARCO VALLARESSO站、Ⓥ1·2·4.1/4.2·5.1/5.2線S.ZACCARIA站

在建於潟湖上的水都威尼斯，可以欣賞最繁華時代
留下的建築，以及貢多拉船往來的河道等絕無僅有的景觀。
主要採步行方式，不妨也善加利用水上交通工具。

人潮眾多

聖馬可廣場★　　雷雅托橋周邊

觀光為主　　　　　　　　　　美食購物

　　　硬壤區

黃金宮周邊

★聖保羅區

人潮偏少

Stazione di Santa Lucia
聖露西亞車站 MAP 別冊 P14A2

● 威尼斯陸路的大門，來自歐洲
各地的列車均停靠於該站。由
於旅客眾多十分熱鬧，請千萬
小心扒手和小偷。

N
0 　 250m

黃金宮(法蘭蓋提美術館)
黃金宮周邊

CA' D'ORO
RIALTO
MERCATO

雷雅托橋
周邊

雷雅托橋

RIALTO

S. SILVESTRO

聖馬可區
SAN MARCO

聖馬可大教堂
③ 聖馬可廣場

OSPEDALE

鳳凰劇院

Riva degli Schiavoni
S.MARCO
S.ZACCARIA

S. MARCO GIARDINETTI

水上巴士1線

水上巴士
5.1/5.2線

SALUTE　海關塔美術館

安康聖母院

S. GIORGIO

聖喬治·馬喬雷島
Isola di
San Giorgio Maggiore

朱代卡運河
Canal della Giudecca

ZITELLE

Fond. della Croce

Isola di San Giorgio Maggiore MAP 別冊 P15C4
聖喬治·馬喬雷島

位於聖馬可廣場對岸，聖喬治馬喬雷教堂
是島上唯一的景點。教堂內可欣賞威尼斯
畫派的名作。

④ Ca'd'Oro MAP 別冊 P14B2
黃金宮周邊

該區的中心是威尼斯哥
德式建築的傑作──黃金
宮。周邊有許多超市和快
餐店等，也有不少供應簡
單可口餐點的餐館，是相
當受歡迎的美食區。

CHECK! ●黃金宮(法蘭蓋提美術館)(→P89)

最近站點>>>Ⓥ1線CA'D'ORO站

⑤ Ponte di Rialto
雷雅托橋周邊 MAP 別冊 P17C1

以雷雅托橋為中心的區域。南側有不少
流行服飾店，北側通往魚市場的路上則
有許多攤販。可品嘗到新鮮漁獲的小酒
館Bacaro和餐廳則集中在市場周邊。

CHECK! ●雷雅托橋(→P80)

最近站點>>>Ⓥ1·2線RIALTO站

布拉諾島·

·穆拉諾島

·麗都島

威尼斯

潟湖諸島

潟湖諸島

穆拉諾島和以蕾絲聞名的布拉諾島等島嶼，
可由威尼斯本島搭乘水上巴士前往。

穆拉諾島 Murano MAP P84

威尼斯玻璃的故鄉。島上有
玻璃博物館，以及眾多玻璃
工坊和商店。

最近站點>>>Ⓥ3·4.1/4.2
線COLONNA站等

布拉諾島 Burano MAP P91

粉彩色系的房子林立，氣氛
樸實的小島。蕾絲織品十分
有名。

最近站點>>>
Ⓥ12線BURANO

麗都島 Lido MAP P91

熱門的渡假聖地。路上有不少
汽車，是與本島迥異的景色。

最近站點>>>Ⓥ1·2·5.1/
5.2·6.1/6.2線LIDO S.TA
MARIA ELISABETTA站等

②聖馬可大教堂 →P74
受東方文化影響的圓頂是聖馬可大教堂的特徵。也別錯過貼滿金箔的教堂內部！

③貢多拉船遊河 →P78
搭乘穿梭於大小運河的貢多拉船遊河。盡情享受約1小時的貢多拉之旅！

①聖馬可廣場 →P74
拿破崙讚頌其為「全世界最美的廣場」，也是西歐咖啡文化的發源地。

Venezia
經·典·路·線

水都威尼斯，整座美麗的城市就是一個觀光景點。
以共和國時代的雄偉建築聚集的聖馬可廣場為起點，
一邊享受貢多拉船遊河及美味海鮮，緩緩漫步在這風情洋溢的城市。

木造的學院橋上方也是絕佳的取景地點

盡情欣賞大運河風光♪ →P70♪

在魚市場周邊品嘗海鮮義麵午餐

START	09:00	10:00	11:00	13:00	15:00	16:30	18:00	GOAL

聖露西亞車站｜搭乘水上巴士30分→ⓋFERROVIA站（聖露西亞車站）搭急行的Ⓥ2線至ⓈMARCOS.ZACCARIA站30分，搭各站的Ⓥ1線45分｜①聖馬可廣場｜步行即到｜②聖馬可大教堂｜步行2分（至起訖站）｜③貢多拉船遊河｜步行15分（起訖站出發）｜④雷雅托橋｜步行20分｜⑤聖方濟會榮耀聖母教堂｜步行30分｜⑥安康聖母院｜步行2～10分｜⑦海關塔美術館或學院美術館｜搭水上巴士40分→⒮SALUTE站搭Ⓥ1線40分｜聖露西亞車站

漫步於迷宮般的城市，享受小型工坊巡禮

在魚市場周邊品嘗海鮮義麵午餐♪

雷雅托橋一帶是小酒館密集區。推薦品嘗威尼斯的著名調酒「Spritz」

午賓就選以海鮮烹調的威尼斯美食

④雷雅托橋 →P80

又稱為「白色巨象」的單拱石橋。不妨在橋上拍下大運河最美的一面吧。

⑤聖方濟會榮耀聖母教堂 →P89

位在聖保羅區中心的大教堂。別錯過提香的畫作『聖母蒙召升天』！

⑥安康聖母院 →P83

威尼斯巴洛克建築的最高傑作。教堂內也有提香等人的威尼斯畫派名作。

⑦海關塔美術館
→P83

改建自古代海關倉庫的現代藝術美術館。

OR

⑦學院美術館 →P82

威尼斯畫派作品就在這裡！

地圖

聖十字區
魚市場
RIALTO MERCATO
⑤聖方濟會榮耀聖母教堂
聖保羅區
④雷雅托橋
S. SILVESTRO
RIALTO
S.TOMÀ
大運河 Canal Grande
S. ANGELO
②聖馬可大教堂
聖馬可區
Start
①聖馬可廣場
S.MARCO
S.ZACCARIA
S.SAMUELE
CA' REZZONICO
S. MARCO GIARDINETTI
S. MARCO VALLARESSO
③貢多拉船遊河（起訖站）
ACCADEMIA
GIGLIO
Goal
⑦學院美術館
SALUTE
⑦海關塔美術館
Goal
佩姬·古根漢收藏館
硬壤區
⑥安康聖母院
朱代卡運河 Canal della Giudecca
ZATTERE
S. GIORGIO

0   200m
N

聖馬可廣場出發需2小時！
聖馬可廣場出發 輕鬆散步2路線

以威尼斯的中心區聖馬可廣場為起點，介紹可飽享購物樂趣和漫步美麗街區的2種路線。
不妨在散步途中，尋找旅行紀念的伴手禮吧！

1 也有眾多高檔名牌！購物&搭乘渡船路線

由聖馬可廣場西側出發，在威尼斯最知名的精品街享受純逛街樂趣，
一邊前往能看見對岸風景的安康聖母院。
搭乘威尼斯特有的渡船Traghetto，妝點威尼斯之旅的回憶。

① 聖馬可廣場 — 步行1分 — ② 聖梅瑟路 — 步行3分 — ③ 3月22日大街 — 步行5分 — ④ 鳳凰劇院 — 步行10分 — ⑤ 聖史蒂法諾廣場 — 步行10分 — ⑥ Giglio船泊處 — 渡船3分+步行3分 — ⑦ 安康聖母院 — 步行1分 — ⑧ Ⓥ SALUTE站 — 水上巴士3分 — ⑨ Ⓥ SAN MARCO VALLARESSO站 — 步行5分 — ⑩ 聖馬可廣場

藝術品級的穆拉諾玻璃

香檳杯€280～和橢圓玻璃碗€100～等系列，像藝術品般漂亮
● L'Isola→P95

中世紀香水伴手禮

以16世紀的配方為基礎重現的香水店。穆拉諾玻璃瓶裝的香水€65～
● The Merchant of Venice→P95

平價的威尼斯玻璃

香水瓶€36和耳環€11等，以平實的價格購得正統的威尼斯玻璃
● F.G.B.→P96

搭乘渡船！

搭乘渡船（Traghetto）往對岸，
9～18時，基本上都是站著搭

這裡的渡船是9～14時，船費便宜，如果時間允許不妨一試

Ruga dei Ore（金匠老街

Attombr

Emilie
Ceccat

L'Isola
C.d. Frati
聖天使教堂
聖天使廣場 Campo S. Angelo
⑤聖史蒂法諾廣場
聖史蒂法諾教堂
④鳳凰劇院 步行10分
徒步5分
The Merchant of Venice
聖方坦教堂
步行10分
Rio de Frenice
Sermoneta Gloves
步行3分
Salvatore Ferragamo
Bottega Veneta
Gianni Versace
PRADA
Fendi
Bruno Magli
Louis Vuitton
Hermès
聖馬可教
Start
Chanel
聖梅瑟路②
Rio d
F.G.B
Bvlgari
Tod's
Gucci
聖梅瑟教堂
步行1分
3月22日大街③
L'ombra del Leone
Giglio船泊處⑥ GIGLIO Ⓥ
渡船3分+步行3分
Rio del Palbao
大運河 Canal Grande
水上巴士3分
S. MAR GIARDIN
⑧ Ⓥ SALUTE站
安康聖母院⑦
⑨ Ⓥ SAN MARC VALLARESS

典雅的串珠飾品

可以找到以骨董的玻璃串珠製成的個性化飾品。項鍊€150～
●Attombri→P96

● RIALTO MERCATO

貢多拉船夫風格！

貢多拉船夫穿著的條紋上衣€15～等，工作服的專賣店
●Emilio Ceccato→P96

充滿威尼斯玻璃

玻璃杯和盤子、飾品等，威尼斯玻璃的品項齊全
●Caffi→P96

在這裡小憩一下！

堅持嚴選食材，在當地頗受好評的義式冰淇淋店。單球€1.60、雙球€3
●Suso→P94

❸ 雷雅托橋

R. d. Fontego di Tedeschi

• Caffi

R. d. Piombo

行4分

S. d. Pria

C. d. d. April

Suso

步行10分

Mercerie Merano

Salizzada S. Lio

❺ Ruga dei Oresi

聖馬可廣場到雷雅托橋的沿途。有Max Mara、Furla、La Perla等名牌店

步行4分

❷ Mercerie San Salvador

步行10分

R. d. Baretteri

Rio de S. Zulian

Rio de Mondo Novo

Kalimala

Calle Bande

Mercerie S. Zulian

Calle Guerra

Il Canovaccio

C. Guerra

Rio del

C. Specchieri

Rio del San

Evem

Spadaria

Start

❶ 聖馬可廣場
Goal

❻ 聖馬可廣場

• Kerer

• Calle d. Canonica

聖馬可大教堂 Basilica di San Marco

丁廣場
zza ·arco

大鐘樓 Campanile

小廣場 Piazzetta
Goal

li Schiavoni

Rio di Palazzo di Canonica

❿

總督宮 Palazzo Ducale

Rio del Vin

步行5分

S. MARCO S. ZACCARIA Ⓥ

Riva degli Schiavoni

聖馬可運河 Canàle di S. Marco

0 —— 100m

往熱鬧的雷雅托橋！
② 尋找地方紀念品路線

進入聖馬可廣場北側的狹窄巷弄中，販賣飾品和面具的商店、甜點店等各式各樣的商店林立。
不妨一路走到展現威尼斯熱鬧一面的雷雅托橋吧。
在迷宮般的出口前是大運河岸，也有許多美食店家。

❶ 聖馬可廣場 … 步行5分 …
❷ Mercerie San Salvador … 步行3分 …
❸ 雷雅托橋 … 步行1分 …
❹ Ruga dei Oresi〈金匠老街〉 … 步行10分 …
❺ Salizzada di San Lio … 步行10分 …
❻ 聖馬可廣場

嘉年華的面具在這裡！

狂歡節中常見的面具€40～，也是熱門的家居擺設品。也有磁鐵€4～
●Il Canovaccio→P95

選購美麗的蕾絲手帕

手帕€40種類多樣，適合作為伴手禮
●Kerer→P96

挑選細緻的布拉諾蕾絲！

布拉諾島手工製作的傳統蕾絲。桌巾€67和束口袋€14等
●Evem→P95

水都威尼斯的大動脈
周遊威尼斯大運河
聖露西亞車站～聖馬可廣場

大運河呈倒S形，貫穿威尼斯本島的中心區，發揮海運王國威尼斯的主要幹道作用。大運河沿岸林立著時代和建築樣式各異的宮殿（Palazzo），又有「世界上最美麗的街道」美譽。如欲欣賞運河的景色，水上巴士Vaporetto（→P87）是最佳選擇。不妨由聖露西亞車站出發前往聖馬可廣場，盡情徜徉在大運河華麗的建築風光之中。

聖露西亞車站
STAZ. DI SANTA LUCIA

FERROVIA Ⓥ

站前的石橋
赤足橋
建於1932年

RIVA DE BIASIO Ⓥ

土耳其商館
Fontego dei Turchi
建於13世紀。1621年起作為土耳其人的商館使用。原是威尼托拜占庭式的美麗建築於19世紀時改建，現為自然史博物館。

溫德拉明
Palazzo Vendramin Cale
S. MARCUOLA Ⓥ

土耳其商館
（自然史博物館
Fontego dei Turc

赤足橋
Ponte degli Scalzi

PIAZZALE ROMA Ⓥ

憲法橋
Ponte Caltrava

羅馬廣場
Piazzale Roma

Canal Grande

帕帕多波利宮
Palazzo Papadopoli
有著美麗鏡廳，1560年建造的府邸。今為Aman Resorts經營的高級飯店「Aman Canal Grande Venice」，可入住。

聖露西亞車站
Stazione di Santa Lucia
來自義大利國內的列車停靠的鐵路大門。站前有水上巴士乘搭站，站名FERROVIA意為「鐵路」。

羅馬廣場 Piazzale Roma
威尼斯本島車輛唯一能通行的地方，來自機場和各都市的巴士也會到達此處。和火車站之間以2008年完工的憲法橋相連。

不妨也搭乘浪漫的貢多拉遊河吧！

葛拉西宮
Palazzo Grass
1730年建築師Giorgio Massari為葛拉西家族建造的府邸。現在則對外公開作為舉辦企畫展的美術館，由安藤忠雄著手改建。

S. TOMÀ Ⓥ

葛拉西
Palazzo

S.S

CA' REZZONICO Ⓥ

雷佐尼可宮(威尼斯18世紀博物館)
Ca' Rezzonico(Museo del Settecento Veneziano)

學院
Ponte dell' Ac

ACCADEMIA (

船上總是人擠人，
請留意貴重物品！

S. BASILIO Ⓥ

雷佐尼可宮
（→P88）
Ca' Rezzonico
1667年由巴洛克式的建築大師Baldassarre Longhena設計建造。對外開放的館內是呈現18世紀貴族生活的博物館。

學院橋(→P82)
Ponte dell'Accademia
為重建1854年建造的鐵橋，於1933年時建造的臨時橋樑。據說這座臨時木橋極受好評，於是就此保留下來。

採自由座。
推薦船尾的
戶外座位！

溫德拉明宮
Palazzo Vendramin Calergi
特色是早期文藝復興樣式、左右對稱的外觀。1883年音樂家華格納的一生在此畫下句點。如今是市立賭場。

佩莎羅宮(→P89)
Ca' Pesaro
17世紀時建造為行政官Leonardo Pesaro的官邸。現今館內為東方藝術館。

黃金宮(→P89)
Ca' d'Oro
哥德式建築，號稱威尼斯最美的宮殿。現為展示法蘭蓋提男爵收藏畫作和雕刻的美術館。

S.STAE Ⓥ

黃金宮(法蘭蓋提美術館)
Ca' d'Oro(Galleria Giorgio Franchetti)
Ⓥ CA' D'ORO

佩莎羅宮
(東方藝術館)
Ca'Pesaro
Museo di Arte Orientale)

RIALTO MERCATO Ⓥ

雷雅托橋(→P80)
Ponte di Rialto
位於大運河中央位置的橋樑。周邊自共和國時代初期時起便是商業中心，橋上也有許多商店。

羅瑞丹宮
Palazzo Loredan
13世紀拜占庭式的府邸，馬蹄狀拱形的窗戶十分漂亮。現今和隔壁的法爾塞蒂宮同為威尼斯市政廳。

雷雅托橋
Ponte di Rialto

泊帕多波利宮 Ⓥ S. SILVESTRO   Ⓥ RIALTO

大運河

羅瑞丹宮

Ⓥ S. ANGELO

聖馬可廣場(→P74)
Piazza San Marco
海上都市威尼斯的正門口。高聳的大鐘樓、雄偉的總督宮、以黃金妝點的聖馬可大教堂都在廣場等候遊客光臨。

聖馬可廣場
Piazza San Marco

S.MARCO
S.ZACCARIA Ⓥ

S. MARCO GIARDINETTI

S. MARCO VALLARESSO Ⓥ Ⓥ

GIGLIO Ⓥ

海關塔美術館
(→P83)
Punta della Dogana
位在大運河的河口處，17世紀的海關倉庫遺址。由安藤忠雄著手設計，現為展示全世界新銳設計師作品的現代美術館。

Canal Grande

Ⓥ SALUTE

海關塔美術館
Punta della Dogana

佩姬·古根漢
收藏館
Collezione Peggy
Guggenheim

安康聖母院
Basilica di Santa
Maria della Salute

佩姬·古根漢收藏館(→P82)
Collezione Peggy Guggenheim
展示美國富豪佩姬·古根漢收藏的美術館。建築本身是1749年始建、尚未完工的宮殿一迎獅宮。

安康聖母院(→P83)
Basilica di Santa Maria della Salute
巴洛克式的大教堂，可說是大運河上的地標。1630年為紀念黑死病疫情終結，由設計師Baldass arre Longhena一手建造。

穿越時空回到昔日繁華的威尼斯
在老牌咖啡廳&
Bacaro放鬆一下

由侍者
為您服務

14～18世紀期間，繁榮的威尼斯可說是歐洲首屈一指的國際文化都市。不妨探訪和城市一同走過悠久歲月的老牌咖啡廳和小酒館Bacaro，陶醉在往昔的風華之中。

1.威尼斯玻璃打造的優美吊燈有100年以上歷史 2.聖馬可大教堂前的黃色椅子是標的 3.每位侍者都經驗老道 4.據說華格納習慣在窗邊的座位喝杯干邑白蘭地。照片為熱門調酒Spritz€10.50 5.牆上掛有華格納的紀念牌匾

咖啡廳 Gran Caffè Lavena

MAP 別冊P17C3 DATA →P93　創業 1750年

華格納鍾愛的懷舊空間

可以一邊沉浸在聖馬可廣場的熱鬧氣氛和古典樂的現場演奏之中，一邊放鬆小憩的咖啡廳。因音樂家華格納經常光顧而聞名，店內也留有紀念牌匾。有裝潢典雅的店內座位和面對聖馬可大教堂的露天座位，2種都是華麗的氛圍。

咖啡廳 Caffè Florian

創業 1720年

MAP 別冊P17C3 DATA →P74

展現威尼斯繁華的老店

開業於18世紀聖馬可廣場興起的咖啡文化草創期時，是現存最古老的知名咖啡廳。店內仍保留1800年代當時的裝飾，可享受優雅的氛圍。有古典樂現場演奏的露天座位也令人讚賞。

1.也販售咖啡杯等原創商品 2.侍者的制服保留傳統風格 3.卡布奇諾€9、當季水果塔€14 4.由當時最厲害的工匠和藝術家打造室內裝潢宛如置身美術館

Cantina Do Spade

Bacaro

創業1488年

MAP 別冊P16B1　DATA →P94

可順道前往的葡萄酒吧

近雷雅托的魚市場，隱身於安靜巷弄裡的小酒館。附近威尼斯出身的主廚經營的餐廳，酒館內供應的Cicchetti（下酒菜）也都是和餐廳一樣道地的菜色。站著喝的吧檯後方也設有桌席，可以在座位上悠閒品嚐。

1.吧檯上擺滿下酒菜，1樣約€1～2.50　2.杯裝葡萄酒€1～4　3.Bacaro區採站著喝，和座席同費用　4.位在狹窄巷弄內的傳統外觀　5.也推薦炭烤花枝等的海鮮類下酒菜

1.中午時昏暗、富有風情的店內　2.杯裝紅、白葡萄酒都是€2.50～　3.麵包上盛著沙丁魚和蝦仁等的下酒菜1個€1.80～2

Cantina Do Mori

創業1462年

Bacaro

MAP 別冊P16B1　DATA →P81

威尼斯代表性的老字號Bacaro

歷史悠久的店內天花板上吊著許多銅鍋，有年代的櫃台上擺滿葡萄酒桶和酒瓶，營造出深具風情的空間。可以像在日本壽司店裡1樣1樣點下酒菜，站著品嚐葡萄酒。杯裝紅、白葡萄酒共備有100種以上。

加碼推薦！

作家海明威常光顧傳說中的酒吧

創業1931年

Harry's Bar

酒吧

MAP 別冊P17C4　DATA →P76

藉由美國的Harry Pickering出資，曾是飯店酒保的Giuseppe Cipriani開設的酒吧。走高雅風格的酒吧在當時的威尼斯相當罕見，頓時引發話題，也因伊莉莎白女王和奧森‧威爾斯等各界名人的來訪而聲名大噪。也是發明威尼斯著名的調酒貝里尼和名菜生魚薄片的店家。

1.最推薦白桃和Prosecco的調酒─貝里尼　2.近聖馬可廣場，相當方便　3.2F也設有桌席

威尼斯玩樂行程

COURSE♪1 威尼斯觀光經典行程
聖馬可廣場週邊漫遊

由威尼斯觀光勝地—聖馬可廣場出發遊覽周邊的行程。可以搭乘水上巴士前往聖喬治·馬喬雷島，或是在名牌精品街逛街購物、走訪大小巷弄等，體驗威尼斯各種不同的風貌。

行程比較表

逛街指數	♪♪♪	移動範圍意外地大
美食指數	♪♪♪	聖馬可廣場內有許多美味店家
購物指數	♪♪♪	行程中含名牌精品街
美麗指數	♪♪♪	在名牌精品街追尋美麗
文化指數	♪♪♪	參觀海運王國威尼斯的歷史
推薦時段		建議9時左右開始行程
所要時間		4小時左右
費用預算		門票約€20＋餐費約€30

交Ⓥ1線S.MARCO VALLARESSO站步行即到

1 聖馬可廣場
Ⓥ2線S. MARCO S. ZACCARIA站搭水上巴士2～3分

2 聖喬治馬喬雷教堂
Ⓥ2線S. GIORGIO站搭水上巴士往S. MARCO S. ZACCARIA站2～3分。一邊欣賞在手邊聖馬可廣場一邊前進。步行5分

3 聖梅瑟路＆3月22日大街
3月22日大街出發於C. delle Veste街右轉。步行5分

4 鳳凰劇院
穿過劇院北邊的小路來到劇院後方。沿著小巷弄前進到達聖天使廣場後，目的地就在不遠處。步行10分

5 聖史蒂法諾教堂
交往Ⓥ1、2線ACCADEMIA站步行5分

教堂內裝飾得金碧輝煌

♪ 在這裡小憩一下！

Caffè Florian ⓂⒶⓅ別冊P17C3

1720年創立的老牌咖啡廳。曾在電影『艷陽天』中登場，是凱薩琳赫本順路光顧的咖啡廳。可坐在廣場上的露天桌席，聆聽古典樂演奏，享受旅遊氣氛。⸏聖馬可廣場內 ⸏Piazza San Marco 56 ⸏(041)5205641 ⸏10～24時（週五、六～23時）⸏無休 ⸏€10～

---

① 聖馬可廣場
Piazza San Marco

述說海運王國的富裕繁榮
"世界上最美的廣場" ⓂⒶⓅ別冊P17C3

登錄為世界遺產的威尼斯地標。廣場上聖馬可大教堂、大鐘樓、總督宮等景點齊聚一堂。據說18世紀時，攻下威尼斯的拿破崙看見鋪著幾何圖形石板的廣場後，讚嘆其為「世界上最美的廣場」。（→P7、71、74）

DATA
交Ⓥ1線S.MARCO VALLARESSO站步行5分
⸏Piazza San Marco

■**聖馬可大教堂 Basilica di San Marco**
⸏(041)5225205 ⸏時45分～17時，週日、假日14～16時（11月～復活節9時45分～17時，週日、假日14～16時）※視設施而異 ⸏無休 ⸏教堂免費進入、黃金祭壇€2、博物館€4、寶物館€3、拱廊€2.50

■**大鐘樓 Campanile**
⸏(041)5224064 ⸏9～19時（7～9月為～21時，11月～復活節9時30分～15時45分）⸏無休 ⸏€8

總督宮 Palazzo Ducale ●------
該建築曾是威尼斯共和國的政治中樞。創建於9世紀，並於14世紀改建成哥德式建築。16世紀時丁托列多等威尼斯派的畫家創作了壁畫和天花板壁畫，賦予豪華絢爛的裝飾。（DATA→P88）

←使用新鮮水果的塔€14 ↓咖啡印有招牌，來杯咖啡稍事休息€6

S. TOMÀ

佛斯卡利宮
雷佐尼可宮
葛拉西宮
撒母耳廣場
S.SAMUELE
CA'REZZONICO

聖史蒂法諾教堂
聖天使廣場
貢多拉乘船處
聖梅瑟路

Caffè Florian
聖馬可廣場 ①

聖馬可鐘塔
聖馬可大教堂
大鐘樓
嘆息橋
總督宮

斯拉夫人河岸大道
聖馬可
S. ZACCARIA
往慕拉諾島乘船處

Le Cafè
聖史蒂法諾廣場
鳳凰劇院
3月22日大街

小廣場
守護聖人
多納像
翼獅像

Riva degli Schiavoni

聖馬可運河
CanHle di S. Marco

ACCADEMIA
學院橋
學院美術館
S. M. DEL GIGLIO

大運河 Canal Grande

安康聖母院
海關塔

有許多供應簡餐
的美食店家

街上有不少販賣
名牌仿冒品的攤販，
請勿非法購買仿冒品

Harry's Bar
S. MARCO GIARDINETTI
S. MARCO VALLARESSO

搭水上
巴士移動

聖喬治馬喬雷教堂

S. GIORGIO 入口 ②
聖喬治·馬喬雷島

0　100m

接續 P 76

時計塔
Torre dell'Orologio
15世紀時田Codussi建造。屋頂上立有2座摩爾人的青銅像，會敲響鐘聲報時。

大天使加百列像。位於廣場上最高的地方。金色的天使像會隨風向旋轉。

Campaniele
高96公尺的大鐘樓，建於16世紀初，原先是作為瞭望台和燈塔之用。

大鐘樓的瞭望台是熱門的觀景地點。可欣賞360度全景

位於教堂正面頂端的聖馬可像。雕像下方立有威尼斯的象徵——翼獅像。

由教堂陽臺可一覽整座廣場。試著拍攝將馬的雕像置於前方的畫面

Best Shot

小廣場
Piazzetta
總督宮前的廣場。在共和國時代，是繁榮的海路大門。可在此觀賞落日美景。

12世紀時建造的2根圓柱。面向運河右邊是聖人像，左邊則是城市象徵翼獅像。

聖馬可大教堂 Basilica di San Marco
為安放2名威尼斯商人運來的聖馬可遺骨而建造的教堂。教堂內部裝飾得金碧輝煌，其中更是不能錯過據傳是12～14世紀打造的黃金祭壇屏風。

② 聖喬治馬喬雷教堂
Chiesa di San Giorgio Maggiore

以莊嚴的外觀迎賓 立於水岸的教堂

MAP 別冊P15C4

像是飄在潟湖上的教堂

位於聖喬治·馬喬島上的教堂。原本建造的是本篤會的教堂，但1566年時帕拉迪歐開始建造新的教堂，於1610年完工。內部的牆壁上還裝飾著丁托列多繪製的『最後的晚餐』以及『The Fall of Manna』。欲往視野極佳的鐘樓，走出內堂左側通道後，可搭乘電梯上去。

View

在鐘樓可欣賞全方位的美景。除了本島，也能清楚看見朱代卡島和麗都島

DATA
V2線S. GIORGIO站步行即到 Isola di San Giorgio Maggiore (041)5227827 9時30分～18時30分(週日8時30分～11時、14時30分～18時30分)。冬季9時30分～日落(週日8時30分～11時、14時30分～日落) 無休 免費(鐘樓€5)

↑別錯過丁托列多的作品

午餐就選這裡

Harry's Bar
MAP 別冊P17C4

海明威等眾多著名人士喜愛的名店。1F是酒吧，2F則是餐廳。推薦品嘗名菜生牛肉薄片和源自該店的調酒貝里尼。(→P73) 1、2線S.MARCO VALLARESSO站步行即到 San Marco 1323 (041)5285777 10時30分～23時 無休 晝€32～晚€80～

走在斯拉夫人河岸大道上，沿途販售威尼斯伴手禮的攤販林立

通往聖梅瑟路的C. Vallaresso街上有不少名牌店

走進名牌店Blumarine前的道路

↑店內散發名店特有的高級感
←該店名菜，生牛肉薄片

③ 在聖梅瑟路 &3月22日大街
採購名牌

MAP 別冊P16B3,17C3

Salizz S.Moisè & Calle laiga XXII Marzo

位於聖馬可廣場西側的聖梅瑟路和3月22日大街，是威尼斯最知名的名牌精品街。除了Prada、Ferragamo、Gucci等義大利名牌外，Louis Vuitton、Hermès等令人嚮往的名牌店也聚集在該區。光是一邊欣賞櫥窗一邊逛街就十分有趣。

BestShot

聖梅瑟路接3月22日大街處的橋頭有貢多拉乘船處，多艘貢多拉船在此候客。可在橋上拍下河道上的貢多拉船照片！

沿途有販賣仿冒品的攤販，請多留意！

還有以下這些 名牌店
Etro…MAP➡別冊P17C3
Cartier…MAP➡別冊P17C3
Gianni Versace …MAP➡別冊P17C3
Tod's…MAP➡別冊P16B3
Bvlgari…MAP➡別冊P16B3

↑不妨看看最新單品

由聖馬可廣場走過2座橋後，在斯拉夫人河岸大道盡頭的乘船處搭乘水上巴士

④ 鳳凰劇院
Teatro la Fenice
MAP 別冊P16B3

有著優美外觀
義大利數一數二的歌劇院

1792年開幕的劇院，除了威爾第的『弄臣』和『茶花女』等5齣劇作外，羅西尼和史特拉汶斯基的作品也在此首度公演。Fenice一詞是源自阿拉伯語的不死鳥。

經歷2次火災全毀，卻如其名「浴火重生」

DATA
🚊Ⓥ1線S.MARIA DEL GIGLIO站步行6分
售票處（劇院窗口）
🕙10～17時（當日票於公演開始前1小時販售）
📞(041)2424（語音專線）
🌐www.teatrola fenice.it
關於欣賞歌劇請見→P99

←也別錯過外牆的美麗裝飾

↑入口裝飾著黃金的不死鳥

走過狹窄巷弄前方的橋樑，即到鳳凰劇院

伴手禮
鳳凰劇院周邊商品

→手掌大小的記事本€3

→明信片1張€1～。顯現劇院內部的氣氛

←以劇院象徵為造型的磁鐵€3

→印有劇院建築插畫的布提袋€9

這裡也有劇院的入口！可欣賞威尼斯特有的優美風景

抵達聖天使廣場。來到這裡就離目的地不遠了！

⑤ 聖史蒂法諾教堂
Chiesa di Santo Stefano

精美的大理石裝飾
哥德式建築的教堂
MAP 別冊P16B3

重建於14世紀，威尼斯代表性的哥德式教堂。紅磚砌成的外牆上裝飾著Bartolomeo Bon親手設計的大理石雕刻，內部的天花板則是由造船匠使用製造船底用的木材所建。聖器室中的『最後的晚餐』則是丁托列多晚年時期的作品。

DATA
🚊Ⓥ1、2線ACCADEMIA站步行5分 🏠Campo Santo Stefano 📞(041)2750462
🕙10～17時（最終入場～16時45分） 🚫週日 💶€3

←外牆上精美的雕刻相當吸睛

↑教堂內宛如船底般的天花板

♪ 在這裡小憩一下！
Le Cafè
MAP 別冊P16B3

聖史蒂法諾廣場對面，氣氛閒適的咖啡廳。除了沙拉和可麗餅等輕食，也有正式的菜色。第一道主食€14～，第二道主菜€18～，甜點也很受歡迎。
🚊Ⓥ1、2線ACCADEMIA站步行5分
📞(041)5237201 🕙8～23時（冬季～20時30分） 🚫無休 💶€30～

↑正餐的可麗餅等有許多使用蔬菜的餐點，€11左右

在廣場對面的咖啡廳小憩

走遠一些　參觀保有海運王國風采的貴族府邸

由聖史蒂法諾廣場走進C. d. Botteghe，循著寫有Palazzo Grassi的告示牌沿巷弄前進，即抵達面對大運河的撒母耳廣場。這附近及對岸座落著葛拉西宮、雷佐尼可宮、佛斯卡利宮等名為Palazzo的貴族府邸。大航海時代，曾是富裕商人的威尼斯貴族們的府邸，普遍是3層樓、兼作住宅和商館的建築。

雷佐尼可宮

COURSE♪2

水路迷宮上搖搖晃晃
貢多拉船遊河

水都威尼斯最獨特的玩樂方式，莫過於搭乘貢多拉遊河。搭乘貢多拉船，沿著狹窄蜿蜒的運河欣賞整座城市時，可以盡情倘佯在威尼斯的獨特風情之中。貢多拉船是依路線和時間規劃的客製化行程，以下介紹最為推薦的路線。不妨在穿著條紋衫、頭戴草帽的貢多拉船夫（Gondoliere）導覽下，度過威尼斯絕無僅有的優雅時光。（→P7）

行程比較表

逛街指數	♪♪♪	搭乘貢多拉船移動，不需步行
美食指數	♪♪♪	起迄站的聖馬可廣場上有餐飲店
購物指數	♪♪♪	聖馬可廣場周邊有許多伴手禮店
美麗指數	♪♪	並無美妝景點
文化指數	♪♪♪	享受11世紀末出現至今的貢多拉
推薦時段	剛過中午或傍晚	
所需時間	60分～90分左右	
費用預算	貢多拉船資	

交 ▼1線S.MARCO VALLARESSO站步行即到

1 聖馬可廣場
由聖馬可運河駛進小運河

2 嘆息橋
沿著狹窄的運河，往大運河前進。搖晃度變大令人嚇一跳

3 雷雅托橋
由大運河轉進小運河後，再回到大運河

4 安康聖母院
沿大運河往東，回到原先出發的貢多拉起迄站。

交 ▼1線S.MARCO VALLARESSO站步行即到

1 由聖馬可廣場出發！

由黃金宮前的小廣場，朝聖馬可運河筆直前進，就會抵達貢多拉的乘船處，請在該處上船。乘船處聚集許多貢多拉船夫，因此一看便能發現。

DATA
聖馬可廣場➡P74

靠近外海，因此搖晃較大。啟航前請先在位子上坐好。別忘了準備好相機！

←貢多拉乘船處是絕佳的攝影地點
➡由船上看去的聖馬可廣場

在Emilio Ceccato（→P96）可以買到我們的制服——條紋上衣和草帽！

How to 搭乘貢多拉♪

①尋找乘船處
寫有「GONDOLE」字樣的綠色招牌所在處，周邊會有穿著黑白或是紅白相間條紋衫的船夫候客，請大方地搭話吧。

②討論路線和時間
路線視行程所需時間而異。建議可出示地圖告知想去的地方，藉此決定路線和時間。如欲行經雷雅托橋等景點，也請於此時告知。

③洽談船資
遊河1趟是1艘船的船資，白天為30分鐘€80，之後每20分增加€40。19時過後是35分鐘€100，之後每20分加收€50。如有唱歌等要求，需支付約€5的小費。請小心擅自決定路線和船資的船夫。

小小旅遊知識

貢多拉詳細剖析♪

貢多拉是由站在船尾的貢多拉船夫撐1支船槳操控，不對稱的船身呈縱向彎曲，和水面的接觸面積保持在最小限度，因此只靠1支船槳就能划動。

Fèrro
梳子狀的船頭裝飾。具有維持雙重平衡的作用

Fórcola
支撐船槳的木製槳架。流線造型相當優美

船身
船長10.87公尺、寬1.42公尺為標準尺寸

Statua
船身的裝飾，如天使和馬匹等，每艘貢多拉都不同

穿過雷雅托橋時是按快門的時機

③ 雷雅托橋 RIALTO

S. SILVESTRO

大運河

高度較低的橋眾多，請勿隨意站立！

羅瑞丹宮（市政廳）

曼寧廣場

嘆息橋

聖馬可大教堂

聖天使廣場
鳳凰劇院

聖馬可廣場 ①

小廣場

離大運河越來越近，漸漸能看見安康聖母院

Riva degli Schiavoni

貢多拉乘船處

S. MARCO GIARDINETTI
S. MARCO VALLARESSO

大運河 Canal Grande
SALUTE

聖馬可運河 Canal di S. Marco

④ 安康聖母院

←參觀總督宮內部時可過橋

2 穿過嘆息橋

嘆息橋架在小運河上方。由貢多拉船上仰望時，可清楚看見遍布橋身下方的人面雕刻。由於這座橋過去連接著法庭和監獄，每當囚犯過橋時總會發出哀嘆，因而得名。

DATA
聖馬可廣場步行1分
➡橋下是許多貢多拉的必經路線

MAP 別冊P17D3

通過橋下時請小心頭頂！也可能被橋上的其他遊客拍進照片中，請別大意了

通過雷雅托橋時，可欣賞廣闊的大運河美景。該處的搖晃程度意外地劇烈

La La check!♪

水都的守護神就在這裡！

➡浮雕在面向嘆息橋的左側

嘆息橋的最佳拍攝地點，總是聚集大批人潮的麥桿橋。其實在這座橋的橋頭，有著守護貢多拉船夫的聖母瑪利亞浮雕，聖母像下方還有貢多拉的雕刻。

欣賞安康聖母院為水上之旅畫上句點

隨著離大運河越來越近，漸漸能看見安康聖母院的樣貌。位在岬角處的聖母院，在船上可欣賞美麗的圓形穹頂。

DATA
安康聖母院
➡P83

↑岬角前端的建築立有幸福的雕像→白教堂的白色圓頂十分優美

---

3 在雷雅托橋拍攝紀念照！

橋下水上巴士和水上計程車、貢多拉船來來往往，是威尼斯的交通要衝。通過雷雅托橋時，不妨請貢多拉船夫停靠岸邊，在水面上拍攝紀念照。

←橋邊餐廳和咖啡廳林立

DATA
雷雅托橋➡P80

↓現今的雷雅托橋為16世紀改建

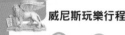
COURSE♪3

錯綜複雜的小路
穿梭在巷弄迷宮

從雷雅托橋到安康聖母院，隨心所欲、自由自在的遊逛行程。漫步在有如迷宮般的石板巷弄中，出發尋訪展示現代藝術的美術館吧。

行程比較表

逛街指數	♪♪♪	移動範圍大，需走上較長路程
美食指數	♪♪♪	雷雅托橋周邊聚集不少酒館
購物指數	♪♪♪	別錯過傳統工藝品
美麗指數	♪	並無美妝景點
文化指數	♪♪♪	欣賞威尼斯畫派的作品
推薦時段		推薦剛過中午就開始行程
所需時間		4小時左右
費用預算		門票€36～＋餐費＋購物

🚊Ⓥ1線RIALTO站步行即到

1 雷雅托橋
參觀雷雅托橋的市集周邊，沿著小路前進。步行20分

2 聖洛可大會堂
行經聖瑪格莉特廣場，走過3座橋。步行30分

3 學院美術館
走出美術館入口後，對面右手邊即是學院橋。步行即到

4 學院橋
沿美術館旁的道路前進，第2條路左轉。步行10分

5 佩姬·古根漢收藏館
走出美術館後沿巷弄前進，往小型廣場後方。步行5分

6 安康聖母院
🚊搭乘Ⓥ1線往S. MARCO VALLARESSO站2～3分。行進方向的右邊風景極佳

---

1 雷雅托橋 MAP別冊P17C1
Ponte di Rialto

**位於大運河上方
威尼斯最有名的橋樑**

大運河上最先搭建的橋樑。最早是13世紀時建造的木橋，現今的雷雅托橋是16世紀時重建的。米開朗基羅也曾參與改建的設計比稿。橋長48公尺，寬22公尺，欄杆兩側像拱廊街般有許多小型伴手禮店。
（→P71、79）

DATA
🚊Ⓥ1・2線RIALTO站步行即到

←Ruga dei Oresi兩側排滿店家
↓橋上有許多小型伴手禮店

在橋上邂逅美麗的紀念品

Vetri del Ponte MAP別冊P17C1

該店販售穆拉諾島工匠製作的原創威尼斯玻璃商品。從經典款到現代化設計，充滿工匠們創意的飾品和水瓶等齊備。

🚊Ⓥ1・2線RIALTO站步行即到 📍San Marco 5331 📞(041)5237767 🕙10時～19時30分 休無休

€69 玻璃製的托盤 馬賽克玻璃

順道逛逛　雷雅托橋附近的Bacaro＆Trattoria

●Bacaro
Enoteca Al Marca MAP 別冊P17C1

在地客鍾愛的小酒館

只有吧檯的Bacaro。一開店就客滿，店門前相當熱鬧，聚滿邊喝葡萄酒邊聊天的客人。餐點僅帕尼諾和當季的下酒菜。杯裝葡萄酒€1～。

雷雅托橋步行3分　San Polo 213　(346)8340660
9時30分～14時30分、18時～21時（週六9時30分～21時30分）
週日　€5～

●Bacaro
Cantina do Mori MAP 別冊P16B1

酒莊附設的老酒館

1462年創立的酒莊附設的Bacaro。店內陳列的家具擺設透露出店家歷史。葡萄酒有瓶裝和桶裝共100種以上。適合搭配盛裝各色食材的薄片麵包一同享用。（→P9、73）

雷雅托橋步行3分　San Polo 429　(041)5225401
8時～19時30分
週日

●Trattoria
Antiche Carampane MAP 別冊P16B1

品嘗新鮮海產的地方菜色

該店可品嘗以威尼斯周邊水域捕獲的海鮮烹調的地方菜色。徹底展現海鮮本身美味的餐點頗受當地人喜愛。推薦熬煮3～4種時令貝類的湯品Zuppa。

雷雅托橋步行10分　San Polo 1911　(041)5240165
12時45分～14時30分、19時30分～22時30分　週日、一　€50～

聖洛可大會堂 MAP 別冊P14A2
Scuola Grande di San Rocco

畫滿整座大會堂的丁托列多大作不容錯過

供奉聖洛可的會堂。16世紀初由Bartolomeo Bon開始建造，其後由Codussi接手，於16世紀中葉完工。身為信徒的丁托列多繪製、多達67件的畫作是參觀的重點。其中以大廳的『牧羊人的朝拜』、接待廳的『耶穌受難』等畫作赫赫有名。

→文藝復興風格的外觀

DATA
1、2線S.TOMA站步行10分　San Polo 3054　(041)5234864
9時30分～17時　無休　€10

接續P82

←巷弄中有許多路段寬度非常狹窄

←坐落各處的廣場中心仍保有過去的水井。如今成為兒童的遊樂場所

→不愧水都之名，到處都是橋樑

←聖賈科莫廣場的駝子雕像

↑可盛裝香水的玻璃瓶€55～
↓橋上的小型商家

聖賈科莫廣場
魚市場
雷雅托的市集
Enoteca Al Marca
Antiche Carampane
Cantina Do Mori
雷雅托橋 ❶
Vetri del Ponte
RIALTO
聖洛可教堂
聖保羅廣場 Campo di San Polo
聖方濟會榮耀聖母教堂
S. ANGELO
聖洛可大會堂 ❷
羅瑞丹宮（市政廳）
0　100m
S. TOMA
大運河 Canal Grande
S. ANGELO
曼寧廣場 Campo Manín
知名電影『艷陽天』中登場的威尼斯帶瑪專賣店的原型所在
聖天使廣場 Campo S. Angelo
鳳凰劇院
聖馬可廣場 Piazza S. Marco
Rio di S.Bárnaba
聖史蒂法諾廣場 Campo S. Stefano
Calle Larga XXII Marzo
Max Studio
入口 ❹ 學院橋
S. MARCO VALLARESSO
學院美術館 ❸
美術館商店
佩姬·古根漢收藏館
海關塔美術館 Punta della Dogana
Capriccio
入口 ❺
SALUTE
❻
Genninger Studio
安康聖母院
↙往Cartavenezia
↓往Fondazione Vedova

1

面具

以嘉年華的必備裝扮而聞名的面具。從象徵性的造型到獨創的設計，款式十分多元。

1. 原創的狗面具 **C**
2. 特色是有如鳥喙的長鼻面具 **C**
3. 貓臉面具，多為女用款式 **C**

3 學院美術館 MAP 別冊P16A4

Gallerie dell' Accademia

威尼斯畫派作品的珍貴收藏

收藏眾多威尼斯畫派畫作的美術館。館內分為24個展覽室，第10～11展室展出丁托列多和提香等威尼斯畫派大師的作品。第13展室喬凡尼‧貝里尼的『聖殤』、第5展室吉奧喬尼的『暴風雨』和『老婦人』、第24展室提香的『聖母參拜神殿』等畫作都十分有名。

DATA
🚇Ⓥ1‧2線
ACCADEMIA站步行即到 🏠Dorsoduro
1050 📞(041)5222247
🕐8時15分～19時15分（週一～14時，最終入場至45分鐘前）
🈚無休 💴C9（奧格里馬尼宮 MAP 別冊P17D2的套票）。特別展另計

↑依年代次序展示14～18世紀作品

漫步巷弄間，接觸最真實的威尼斯！

↑木橋濕滑易跌倒，請留意腳邊！

威尼斯玻璃串珠

穆拉諾島製作的串珠，是20世紀初流通於世界各地的貿易品。

→小耳環
€15～37 **B**

→獨一無二的項鍊
€200～ **B**

非買不可!威尼斯工藝品

SHOP LIST

Ⓐ Cartavenezia MAP 別冊P14A4

販售以手抄紙製作的書籤和壓印畫作等各式各樣的商品。🚇Ⓥ2、4.1/4.2線PALANCA站步行5分 🏠Giudecca 620F 📞(041)5241283 🕐11～13時、15時30分～19時30分（週一僅15時30分～）🈚週日

Ⓑ Genninger Studio MAP 別冊P16B4

販售以傳統為基礎，加上可日常使用的簡約設計的商品。也售有玻璃杯€75～95等。🚇學院橋步行10分 🏠Dorsoduro364, Campiello Barbaro 📞(041)5225565 🕐10時30分～13時30分、15時～18時30分 🈚無休

→一邊逛街一邊往前走

←由於車輛無法進入，收垃圾也得費上一番功夫

4 學院橋 MAP 別冊P16A4

Ponte dell' Accademia

全世界最美的運河上架設的木橋

架設在大運河上方的木橋。如今的學院橋是1986年時搭建。有別於遊客如織的雷雅托橋，散發淳樸的氣息。橋邊有學院美術館。（→P70）

DATA
🚇Ⓥ1、2線ACCADEMIA站步行即到

View

不妨在橋上欣賞安康聖母院的風景。可清楚看見蜿蜒的大運河河道

←融入威尼斯風景中的木橋。橋上的景色也很動人

5 佩姬‧古根漢收藏館 MAP 別冊P16B4

Collezione Peggy Guggenheim

在貴族府邸欣賞現代藝術

展示美國女富豪佩姬‧古根漢收藏品的美術館。該建築原是佩姬曾居住過的宅邸。除了畢卡索、布拉克、康丁斯基、米羅、達利以外，也可欣賞義籍畫家基里訶等現代畫家的作品。（→P71）

別錯過中庭擺設的雕刻

威尼斯玻璃製
項鍊 **D**

鮮豔的馬賽克
玻璃項鍊 **B**

威尼斯玻璃

威尼斯最著名的傳統工藝品。據說源自於13世紀初，汲取古羅馬的傳統和伊斯蘭的技法發展而來的玻璃工藝。

←紅色酒杯是
相當受歡迎的
伴手禮 **D**

傳統紙張

傳統手抄製作的紙張。在威尼斯共和國時代，是非常重要的貿易商品。

→顏具份量的記事本。也可以貼上照片 **A**

→以草繩紮起的記事本也能作為擺設 **A**

C Max Studio MAP 別冊P16A4

販售面具師傅Max獨家設計的面具。交V1、2線ACCADEMIA步行5分 住Dorsoduro 1053c
☎(041)5227773 時10時30分～19時 休無休

D Capriccio MAP 別冊P16A4

穆拉諾島上工坊出產的威尼斯玻璃飾品、玻璃杯等。交V1、2線ACCADEMIA步行5分 住Dorsoduro 880A/D
☎(041)5209097 時10～19時 休無休

景 攝
水 在
岸 巷
優 弄
閒 間
的 可
風 拍

←小船是當地居民重要的交通工具。有藍有紅，色彩繽紛

前 弄 ⇒ 穿 錯 僅
，教 過 肩 能
堂 就 而 容
在 過 納
眼 的 2
巷 人

Best Shot

由展覽室可前往大運河畔的露臺。建議可拍下眼前的運河和建築

DATA
交V1線SALUTE
站步行5分
住Dorsoduro 701
☎(041)2405411
時10～18時 休週二、
有不定休 費€14

必看！現代藝術

海關塔美術館
Punta della Dogana MAP 別冊P17C4

17世紀舊海關倉庫改建的美術館，由日本建築師安藤忠雄一手設計，展出現代藝術大師的作品。（→P7、71）

交V1線SALUTE站步行1分
住Dorsoduro 2
☎(199)139139 時10～19時
※門票販售～18時 休週二
費和別館葛拉西宮（MAP別冊P16A3)的套票€20

↑（上）位於岬角前端的美術館（下）日本代表性的現代藝術家村上隆的作品

Fondazione Vedova MAP 別冊P14B4

該美術館展出已故的威尼斯抽象畫家Emilio Vedova作品。每30～40分鐘更換一次展品，展示手法十分獨特。

交V1線SALUTE站步行5分
住Dorsoduro 42 時9～17時
☎(041)5226626 休週二
費€8（視展覽而異）

↑充滿活力的作品陸續出現

6 安康聖母院 MAP 別冊P16B4
Basilica di Santa Maria della Salute

純白圓頂令人印象深刻
威尼斯巴洛克建築的傑作

位於岬角處的教堂。為祈求17世紀橫行的黑死病能夠平息而建造該教堂，因此命名為Salute（健康）。由巴洛克建築大師Baldassarre Longhena負責設計，採6座禮拜堂包圍八角形主殿的建築構造。位於主祭壇內部的聖器室，畫有提香創作的穹頂畫。
（→P71、79）

↑八角型構造的本殿

↓位於本殿的提香畫作「聖靈降臨」

DATA
交V1線SALUTE站步行即到 住Dorsoduro 1 ☎(041)2411018 時9～12時、15時～17時30分※彌撒中禁止參觀 休無休 費免費（聖器室€3)

在教堂前的廣場可遠眺大運河對面聖馬可廣場上的大鐘樓。黃昏時染上一片橘色的水岸景色相當漂亮

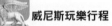

COURSE♪4

搭乘水上巴士
前往威尼斯玻璃的故鄉
穆拉諾島
MURANO

遠離威尼斯中心區的喧囂，乘坐水上巴士，來趟橫渡潟湖的優雅小旅行。穆拉諾島上威尼斯玻璃工藝盛行，世代傳承源自13世紀的傳統技術。販售漂亮工藝品的玻璃專賣店、可欣賞運河風景的咖啡廳等都很有趣。不妨走遠一些，前往這座浪漫的玻璃之島。

N
1km

穆拉諾島
Ⓥ COLONNA
聖米迦勒島
Ⓥ FONDAMENTE NÓVE
聖露西亞車站
威尼斯
朱代卡島

行程比較表

逛街指數	♪♪♪	移動範圍並不大
美食指數	♪♪♪	在露天座位欣賞潟湖一邊用餐
購物指數	♪♪♪	威尼斯玻璃最適合作為伴手禮
美麗指數	♪♪♪	也有許多漂亮的玻璃飾品
文化指數	♪♪♪	傳承玻璃的歷史和傳統文化
推薦時段	推薦上午出發	
所需時間	4～5小時	
費用預算	水上巴士1日券€20＋餐費＋購物	

去程由Ⓥ FONDAMENTE NÓVE站
（ MAP 別冊P15C1）搭4.1/4.2線

1 出發往穆拉諾島
　搭水上巴士Ⓥ COLONNA站
　10～15分

2 抵達穆拉諾島
　沿小運河岸前進，走過穆拉諾大運河上的橋樑，步行15分

3 首先前往穆拉諾島玻璃博物館
　返回原路，步行10分

4 在專賣店購買威尼斯玻璃！
　返回最初抵達的Ⓥ COLONNA站

5 返回本島
　4.1/4.2線往Ⓥ FONDAMENTE NÓVE站15～20分

↑假日時船上人潮眾多，因此上下船時請多加留意

1 出發往穆拉諾島

由往穆拉諾島的4.1/4.2線停靠的Ⓥ FONDAMENTE NÓVE站出發（其他也有連接Ⓥ P.LE ROMA、聖露西亞車站前的Ⓥ FERROVIA站、Ⓥ穆拉諾島停靠站，直達穆拉諾島的3線）。下船的停靠站是Ⓥ COLONNA站、船員會大喊「Murano！Colonna！」可別聽漏了。（水上巴士搭乘法請見P87）

↑熱鬧的售票亭

→首先確認目的地

per Murano
per Lido
per P.Roma
per S.Zaccaria

↑享受舒適海風和風景，往目的地前進

威尼斯玻璃的歷史長達700年以上

2 抵達穆拉諾島

搭乘水上巴士往穆拉諾島約15分。一到18時左右，停靠站和班次都會縮減，因此抵達後別忘了留意回程的航班時間。

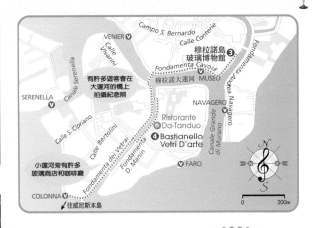

有許多遊客會在大運河的橋上拍攝紀念照

小運河旁有許多玻璃商店和咖啡廳

↙往威尼斯本島

3 首先前往穆拉諾島玻璃博物館

講述威尼斯玻璃悠久歷史的展示品十分吸引人。全館分為1F、中層、2F等樓層。2F是正式的展示區，依各個時代展出中世紀和文藝復興時代、16～20世紀作品。1F售票處也附設了書店。

穆拉諾島玻璃博物館 [MAP P85]
Museo del Vetro

DATA
🚌V4.1/4.2、3線COLONNA步行20分
🏠Fondamenta Giustinian 8, Murano
📞(041)739586（預約處）　🕐10～18時
（11～3月～17時）※入場至閉館前30分鐘止　🈳無休　💰€8

先慢慢地欣賞穆拉諾島的街景吧

悠閒地逛逛玻璃專賣店，折返回最初抵達的停靠站吧

♪在這裡小憩一下！

Ristorante Da-Tanduo [MAP P85]

聚集大批觀光客的熱鬧咖啡廳＆餐廳。除了咖啡€3，種類豐富的甜點也是該店特色。店內磚造裝潢滿溢營造出溫馨氣氛。在吧檯品嘗咖啡€1。
🚌V4.1/4.2、3線COLONNA步行8分　🏠Fondamenta Manin 67, Murano　📞(041)739310　🕐7時30分～18時30分　🈳週二　💰€25～

→老闆親手製作的蘋果派€5
↓美味的道地提拉米蘇€5

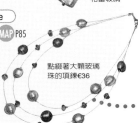

4 在專賣店購買威尼斯玻璃！

穆拉諾島上有大大小小多家威尼斯玻璃專賣店。規模較大的店家雖然不錯，不過個人經營的店家也頗具個性。這家店是由1對夫妻經營，飾品類十分豐富，店內氣氛溫馨。耳環等約€3起，價格相當親民。

Bastianello Vetri D'arte

DATA　　　　　[MAP P85]
🚌V4.1/4.2、3線COLONNA站步行10分
🏠Viale Bressagio 6, Murano　📞(041)5274284
🕐10時30分～18時　🈳無休

↑鮮豔的藍色耳環相當吸睛

點綴著大顆玻璃珠的項鍊€36

5 返回本島

V COLONNA站開往本島的最後船班，4.1/4.2線往V FONDAMENTE NÓVE站是23時54分，3線往V P.LE ROMA站是18時47分。晚上交通不便，請儘量在早一點的時段回去。

威尼斯 市內交通

遊逛重點
認識6大Sestiere（地區）

威尼斯共劃分為六個Sestiere（地區），分別是鐵路的聖露西亞車站所在的**卡納雷吉歐區**、以聖保羅廣場為中心的**聖保羅區**、介於卡納雷吉歐區和聖保羅區之間的**聖十字區**、安康聖母院所在的**硬壤區**、聖馬可廣場所在的**聖馬可區**、以及城堡區聖彼德教堂所在的**城堡區**。每個地區又細分成各個Parrocchia（教區），每一區都有稱為Campo的小廣場，遊逛城市時可以當作路標。

美麗的夕陽，保留中世紀樣貌的威尼斯

辨識路標和路名

一面確認標示於建築和路上等處的路標，一面逛街。只要記住關於道路的單字，遊逛城市時會更加方便。

●漫步街頭時的好用單字

Per
「往～」的意思，表示方向

Calle
意為小路。在威尼斯有許多路名是Calle開頭

Ramo
比Calle更狹窄的小路、或短道。原意為樹枝

Campo
廣場

Piscina
意為水池，指填平蓄水池後形成的道路

Rio Terra
Rio是小運河，Terra意為路面，意思是填平小運河後形成的道路

Fondamenta
運河沿岸的道路

Riva
比Fondamenta更寬敞的道路

利用為觀光客設置的巴士

若是已訂定遊覽美術館和博物館、教堂等，以觀光為中心的計畫，購買威尼斯市販售的「Venezia Unica City Pass」也是不錯的選擇。總督宮和10處的威尼斯市內美術館、16座教堂皆可免費進入的觀光套票，可搭配指定日期的交通票券。此外，也可追加使用Wi-Fi和使用付費廁所的方案。價格為6～29歲€29.90～、30歲以上€39.90～（視搭配方案而異）。可線上購買。
詳情請見 URL www.veneziaunica.it/en（英語）。

冬天的威尼斯請小心淹水

近年來威尼斯常發生稱為Acqua Alta的水位異常上升現象，水災頻仍。推測是地層下陷和高水位地球暖化等因素引發該現象，主要發生於秋～春季。尤其每當冬季風勢強勁的漲潮時，聖馬可廣場前的淹水情況甚至可能不設架高的臨時步道就動彈不得。

水上巴士 | Vaporetto

在威尼斯本島，巴士和計程車只能行駛至羅馬廣場，因此水上的交通工具是不可或缺的一環。水上巴士Vaporetto連接蜿蜒於本島的大運河各處，以及潟湖諸島，是最適合觀光客的交通工具。主要路線為1、2線、4.1/4.2、5.1/5.2線等4線。由於部分路線和時段人潮較多，搭乘時請務必小心。

←水上巴士是當地日常最重要的交通工具

●收費方式

費用採時間制，在有效時間內可自由上下船。可利用的交通工具是威尼斯市（水上）巴士網，不含機場。可免費攜帶1件長寬高合計150公分以內的行李。

1小時券€7（限單程）
1日券€20
36小時券€25
2日券€30
3日券€40
7日券€60

●水上等同陸路！

遍布水上交通網的威尼斯，在運河等處也設有交通道路標誌。禁止進入和時速5km/h的速限標誌等，雖然獨特，但警察會開船確實取締，是水都重要的交通規則。

●搭乘水上巴士

❶ 尋找停靠站

標的是水上較為突出的黃色建築。停靠站前設有標示航行路線的路線圖和時刻表，請事先確認。

看停靠站的路線圖確認航行路線

❷ 購買船票

在自動售票機購買，也有英語標示。也可於標有「Biglietteria」（售票處）的窗口和Tabacchi購得。船票依有效時間分為1小時券（單程）、24小時券等。在窗口只需告知欲購買幾小時的票即可。新型票卡採加值式，搭乘前需輕觸感應器。

船票輕觸感應器，發出綠色燈號即可

❸ 確認目的地

視停靠站不同，需留意同一路線也會有不同搭乘處。請確認標有「per〜」（往〜）的看板後再前往搭乘處。另外，也設有電子看板，可確認目的地和出發時間。

在停靠站的簡易候船室等待水上巴士到達

❹ 搭船

搭船前請於售票處附近機器感應票卡驗票。也有手持讀取機查票的人員，未確實驗票將處€50左右的罰款。部分站也有舊式船票用的驗票機。

可由運河上欣賞風景

❺ 下船

船員會大喊停靠站名，因此請別聽漏了。此外也會標示停靠站名，請確認後再下船。

請小心別弄錯下船的停靠站

水上計程車 | Taxi Motoscafi

水上計程車雖然費用較高，但充滿觀光風情。搭乘處的標示是「TAXI」字樣的告示牌，位在聖露西亞車站前、雷雅托橋、聖馬可廣場周邊等處。此外可以呼叫至飯店附近。費用為起跳€15，每1分鐘加€2，不過實際搭乘前可議價。基本上是4人搭乘，如以聖馬可廣場為起點，至機場€120、至雷雅托橋€60、至聖露西亞車站€70。夜間為€10，每增加1人需多付€5。

→水上計程車搭乘處

渡船 | Traghetto

Traghetto是指渡船，由大運河一端橫渡至對岸。由於大運河橋梁較少，當地人也經常使用。有數個搭乘處，位在標有「Traghetto」的綠色告示牌附近。往渡船處的小路上也有標示。主要路線為 ❤S.MARIA DEL GIGLIO的1號街區東側至安康聖母院、魚市場旁～黃金宮旁等。船資為單程€0.50～2。

以綠色告示牌為標示的渡船搭乘處

觀光景點

教堂等處也留有多件威尼斯派畫作等藝術作品。一面欣賞保留中世紀樣貌的街景，一面漫步在石板路也很不錯。

建築師帕拉迪歐

安德烈・帕拉迪歐出生於帕多瓦，在維琴察地區聲名鵲起，被譽為「文藝復興最後的大建築師」。如今，維琴察以「維琴察城和威尼托的帕拉迪歐風格別墅」登錄進聯合國教科文組織的世界遺產。帕拉迪歐的建築以古典主義為理想，也發表了對後世造成極大影響、關於古典建築的著作「建築四書」（1570年）。在威尼斯也留有許多帕拉迪歐經手設計的宗教建築，如馬喬雷教堂的中殿等。

聖馬可區 MAP 別冊P17D3

總督宮
Palazzo Ducale

必見

陳列歷任總督肖像
大議會廳非常壯觀

過去曾是總督官邸和行政廳，殼有法庭的共和國權力中樞。一整排拱門構成的迴廊，是哥德式建築傑作。由斯拉夫人海岸大道的糧食門進入。位於2、3F的各大廳，裝飾著16世紀後期威尼斯畫派的作品。登上3F欣賞4扇門的大廳內丁托列多的穹頂畫後往2F，依循宮殿路徑指示，也可走過嘆息橋參觀監獄。（→P74）

↑中庭的巨人階梯等，相當吸睛
→河岸側的陽台窗戶是火焰式哥德風格

DATA
🚉 ♥1、2、4.1/4.2、5.1/5.2線S.MARCO S.ZACCARIA站步行3分 📍Piazza San Marco 1 📞(041)2715911 🕐8時30分～19時（11～3月～17時30分）休無休 💰€17（和聖馬可廣場博物館群通用）

聖馬可區 MAP 別冊P17C3

科雷爾博物館
Museo Civico Correr

聖馬可廣場上的博物館

位於聖馬可廣場西側的拿破崙邊房與昔日的新行政館2、3F，也介紹威尼斯畫派作品。

DATA
🚉 ♥1、2線S.MARCO VALLARESSO站步行5分 📍Piazza San Marco 52 📞(041)2405211 🕐10～17時（夏季10～19時）※閉館前1小時截止入館 休無休 💰€16（和聖馬可廣場博物館群通用）

硬壞區 MAP 別冊P14B4

威尼斯救主堂
Chiesa del Redentore

朱代卡島上的教堂

為祈求鼠疫的平息，1577年動工興建的文藝復興式教堂。教堂內保存著委羅內塞的《基督的洗禮》，只要現場申請即可參觀。

DATA
🚉 ♥2、4.1/4.2線REDENTORE站步行即到 📍Campo del S.S.Redentore 195 📞(041)2750462 🕐10～17時（週日13時～）※閉館前1小時截止入館 休無休 💰C3

硬壞區 MAP 別冊P16A3

雷佐尼可宮（威尼斯18世紀博物館）
Ca'Rezzonico
(Museo del Settecento Veneziano)

穹頂畫和繪畫是重點

1750年完工的巴洛克式府邸，展出藝術品和家具擺設、陶瓷器等。提耶波洛的穹頂濕壁畫『婚禮的寓言』等不容錯過。（→P70）

DATA
🚉 ♥1線CA'RFZZONICO站步行5分 📍Dorsoduro 3136 📞(041)2410100 🕐10～18時（11～3月～17時，閉館前1小時截止售票）休週二 💰C8

硬壞區 MAP 別冊P14A3

卡米尼大會堂
Scuola Grande dei Carmini

穹頂畫令人驚豔

1670年改建成現今樣貌的加爾默羅會建築。2F的大廳有提也波洛自1739年起耗費44年創作的9幅穹頂畫，被譽為其傑作。

DATA
🚉 ♥1線CA'REZZONICO站步行6分 📍Dorsoduro 2616/2617 📞(041)5289420 🕐11～17時（冬季～16時）休無休 💰C5

🌐 世界遺產　　必看！　　絕佳景觀
🕐~30分 所需時間約30分　　🕐30～120分 所需時間30～120分　　🕐120分 所需時間120分以上

聖保羅區 MAP 別冊P16A2

聖方濟會榮耀聖母教堂
Basilica di Santa Maria Gloriosa dei Frari

教堂內有卡諾瓦的墓碑

重要的方濟會教堂之一。1236～1338年建造，內部於14世紀改建。歷代總督和當地名人長眠於此。殿內有眾多值得一看的藝術品。

DATA ⏰30～120分
🚇Ⓥ1、2線S．TOMA站步行8分
🏠San Polo 3072 ☎(041)2750462
🕐9～18時（週日・假日13時～）
🚫無休 💰€3

聖保羅區 MAP 別冊P14B2

佩莎羅宮（東方藝術館）
Ca'Pesaro (Museo di Arte Orientale)

超過3萬件的收藏品

大運河沿岸優美的宮殿群中的佩莎羅宮，是Longhena設計的最後一棟建築。1679年動工、1710年左右峻工。內為東方藝術館。（→P71）

DATA ⏰30～120分
🚇Ⓥ1線S．STAE站步行5分
🏠Santa Croce 2076 ☎(041)5241173
🕐10～18時（11～3月～17時，閉館前1小時截止入場）
🚫週一 💰€10

聖保羅區 MAP 別冊P16A2

聖保羅教堂
Chiesa di San Polo

市民的休憩場所

創建於9世紀。最初的拜占庭樣式於15世紀改建成後哥德式，又於1804年改建為新古典主義風格。相隔1條路、鐘塔底部的獅子像，是創建當時的產物。

DATA ⏰～30分
🚇Ⓥ1線S．SILVESTRO站步行15分 🏠San Polo 2012
☎(041)2750462 🕐10～17時
🚫週日 💰€3

聖保羅區 MAP 別冊P14A2

聖洛可教堂
Chiesa di San Rocco

欣賞丁托列多的名作

位於聖保羅區，祭祀聖洛可的教堂。可欣賞『聖洛可謁見教皇』、『荒野中的聖洛可』等丁托列多以聖洛可為題材的作品。

DATA ⏰～30分
🚇Ⓥ1、2線S.TOMA站步行10分
🏠San Polo 3052 ☎(041)5234864
🕐9時30分～17時30分 🚫無休
💰€10

卡納雷吉歐區 MAP 別冊P14B2

黃金宮（法蘭蓋提美術館）
Ca'd'Oro(Galleria Giorgio Franchetti)

有「黃金宮殿」美譽的美術館

1420～34年建造的哥德式建築，1916年起對外開放為美術館。曼帖那的『聖賽巴斯帝安』是該美術館的瑰寶。（→P71）

DATA ⏰30～120分
🚇Ⓥ1線CA'D'ORO站步行2分
🏠Cannaregio 3912 ☎(041)5222349
🕐8時15分～19時15分（週一～14時）※閉館前30分截止入館 🚫無休
💰€6（視展覽而異）

聖十字區 MAP 別冊P14B2

莫契尼哥宮
Palazzo Mocenigo

認識香水的歷史

2013年開幕，介紹威尼斯香水歷史的博物館。除了全世界的香水瓶和中世紀的香水製造機，也展出骨董品等呈現貴族生活的用品。

DATA ⏰30～120分
🚇Ⓥ1線S.STAE站步行1分 🏠Santa Croce 1992 ☎(041)721798 🕐10～17時（11～3月～16時）※閉館前30分截止售票 🚫週一 💰€8

威尼斯畫派

威尼斯是與翡冷翠齊名，義大利文藝復興運動的大城。尤其在繪畫上特別盛行，15～18世紀期間以華麗的色彩和光線的明暗來構圖的流派，稱為威尼斯畫派。從比起人物更著墨於背景的威尼斯畫派始祖貝里尼開始，16世紀有許多藝術家發展出各自的世界觀，由吉奧喬尼、提香等畫家，開創威尼斯畫派的第一個黃金時期。18世紀初也陸續出現才華洋溢的提也波洛和華亞契達等畫家，迎來了第二個黃金時期。因此威尼斯畫派的發展也被稱為近代油彩畫的源流，對後世造成極大的影響。

↑『聖靈降臨』／提香，收藏於安康聖母院

各畫家鑑賞景點

●雅柯波・貝里尼／『耶穌受難』（科雷爾博物館→P88）●吉奧喬尼／『暴風雨』（學院美術館→P82）●提香／『聖殤』（學院美術館→P82）、『聖母蒙召升天』（聖方濟會榮耀聖母教堂→P89）、『大衛和歌利亞』（安康聖母院→P83）●丁托列多／『耶穌受難』（聖洛可大會堂→P81）、『迦拿的婚禮』（安康聖母院→P83）、『天堂』（總督宮→P88）●提也波洛／『聖母瑪利亞的出現』（聖保羅教堂→P89）、2F的穹頂畫（卡米尼大會堂→P88）●畢亞契達／『聖道明的榮耀』（聖若望及保祿大殿→P90）

 各設施基本上都是閉館前1小時截止入場。此外，由於有些教堂於週日、假日的禮拜時會管制入場，需事先確認。

卡納雷吉歐區　MAP 別冊P14B1

菜園聖母院
Chiesa della Madonna dell'Orto
保存眾多藝術作品的教堂

建於14世紀，其後於附近的菜園發現聖母子像，因此將教堂命名為菜園（Orto）聖母院。保存多幅威尼斯畫派丁托列多的大作。

DATA ……… ⏱~30分
🚇Ⓥ4.1/4.2、5.1/5.2線ORTO站步行5分　🏠Cannaregio 3512　📞(041)2750462　🕐10~17時（假日12時~）　休週日　💶€3

卡納雷吉歐區　MAP 別冊P14B1

猶太區
Ghetto
充滿歷史氣息的廣場

1516年共和國政府強制猶太人定居於現今的新猶太區廣場周邊，這裡就是「ghetto（貧民區）」一詞的由來。附近有猶太博物館。

DATA ……… ⏱30~120分
🚇Ⓥ1、2線S.MARCUOLA站、4.1
4.2、5.1/5.2線GUGLIE站步行5分

城堡區　MAP 別冊P17D3

聖薩卡利亞教堂
Chiesa di San Zaccaria
欣賞珍貴畫作

雖是9世紀創建，後於15世紀改建成哥德式。中殿右方鄰接舊教堂。內部則有聖塔拉西歐禮拜堂。

DATA ……… ⏱~30分
🚇Ⓥ1、2、4.1/4.2、5.1/5.2線S.MARCO
S. ZACCARIA站步行3分　🏠Campo
San Zaccaria 4693　📞(041)5221257　🕐10~12時、16~18時（週日、假日16時~）　休無休　💶免費　舊教堂€1.50

城堡區　MAP 別冊P17D1

聖若望及保祿大殿
Chiesa dei Santi Giovanni e Paolo
歷史悠久的
哥德式教堂

13世紀中葉起花費約2世紀歲月興建的哥德式教堂。教堂內有13~18世紀25位歷任總督的墓碑、紀念碑。其中又以Pietro Lombardo創作的『Pietro Mocenigo總督墓』最具代表性。主要藝術品有喬凡尼·貝里尼的祭壇畫『San Vincenzo Ferrer』（右廊）和畢亞契達的穹頂畫『聖道明的榮耀』（聖道明禮拜堂）等。

↑教堂旁的騎馬像是委羅基奧的作品

↑18世紀威尼斯畫派的傑作『聖道明的榮耀』

DATA ……… ⏱30~120分
🚇Ⓥ4.1/4.2、5.1/5.2線OSPEDALE站步行10分　🏠Castello 6363　📞(041)5235913　🕐9~18時（週日、假日12時~）　休無休　💶€2.50

城堡區　MAP 別冊P15C2

斯拉夫人聖喬治會堂
Scuola San Giorgio degli Schiavoni
收藏知名的畫作

來自達爾馬提亞地區的信眾會教堂，設立於1451年。祭壇左前方展示著『聖喬治屠龍』畫作。

DATA ……… ⏱~30分
🚇Ⓥ1、2、4.1/4.2、5.1/5.2線S.MARCO
S. ZACCARIA站步行10分　🏠Castello
3259　📞(041)5228828　🕐9時15分~13時、14時45分~18時（週日、假日~13時、週一14時45分~）　休無休　💶€5

城堡區　MAP 別冊P15C3

海洋歷史博物館
Museo Storico Navale
了解關於海洋的歷史

鄰近造船廠和軍械庫，與威尼斯共和國時代船隻和義大利海軍有關的博物館。1F到4F的展品也標註有英語解說。

DATA ……… ⏱30~120分
🚇Ⓥ1、4.1/4.2線ARSENALE站步行5分　🏠Riva San Biasin Castello 2148📞(041)2441399　🕐8時45分~13時30分（週六~13時）　休無休　💶€5

義大利最盛大的嘉年華

在禁止葷食的大齋節期（復活節前6週）來臨前舉行的嘉年華（狂歡節）。義大利語是「Carnevale」。義大利各地舉辦的時間不同，不過主要都是在2月，為期2週。義大利國內嘉年華會最為知名的大城，莫過於由中世紀起便盛行至今的威尼斯。威尼斯嘉年華的特色在於面具與變裝。每張面具都有代表的角色，大致上分為2類，一種是即興面具喜愛劇「Commedia dell'arte」中登場人物的面具，另一種是18世紀後流行在平民之間的面具。即使沒有實際參加嘉年華，買來作為送給自己的紀念品也很不錯。

↑白色的面具是Bauta。輕巧又非常方便。膚色的面具是Gnaga，男扮女裝時使用。黑色的是Moretta，傳統的女用面具

←「黑死病醫生」的面具。長鼻子是為了避免被患者傳染

🌐世界遺產　😊必看！　🔲絕佳景觀
⏱~30分 所需時間約30分　⏱30~120分 所需時間30~120分　⏱120分以上 所需時間120分以上

探訪充滿特色的風景

前往潟湖諸島

威尼斯本島和分布在亞得里亞海潟湖上的島嶼共多達118座，一同登錄為世界遺產，可以欣賞其獨特的美景。搭乘水上巴士，像遊河般造訪每座各具特色的島嶼吧。

威尼斯本島出發約15分 MAP P91

麗都島 Lido

↓「魂斷威尼斯」的舞台
Hotel Des Bains飯店

曾是電影舞台
數一數二的渡假聖地

位於威尼斯本島南方海上，全長約12公里的狹長島嶼。面朝亞得里亞海的海岸上高級渡假村林立，車輛行駛在林蔭道等景象，營造出與本島迥異的氛圍。也以威尼斯影展的會場聞名。不妨空出半天時間走訪麗都島。

ACCESS

交1、2、5.1/5.2線 S.MARCO S. ZACCARIA站出發15分，LIDO S.TA MARIA ELISABETA站下船

威尼斯本島出發約7分 MAP P91

聖米迦勒島 San Michele

熱愛威尼斯的
藝術家長眠之島

位於本島北側的島嶼，19世紀初起成為威尼斯市民的公墓園。在這柏木茂密、不時有人獻花的墓園中也有作曲家史特拉汶斯基和俄國芭蕾舞團的狄亞基列夫的墓。由於是座小島，只需2小時便能充分遊覽。

↑島上的進出為園7時30分～18時（11～3月～16時30分、12月25日和1月1日～12時）

ACCESS

交4.1/4.2線FONDAMENTE NÓVE站出發7分，CIMITERO站下船

威尼斯本島出發約42分 MAP P91

布拉諾島 Burano

成排的粉色系房屋
布拉諾蕾絲島

島上紅、藍等色彩繽紛的房屋令人印象深刻。從事漁業的居民眾多，當捕魚返家時，為了能清楚分辨自家，房子上漆上鮮豔的顏色。16～18世紀時傳統工藝的蕾絲編織繁盛，曾出口至歐洲各國，為威尼斯共和國賺進鉅額財富。島上有紀念品店、餐廳和咖啡廳，因此建議可花上半天遊覽。

↑保留著淳樸風情

ACCESS

交12線FONDAMENTE NÓVE站出發42分，BURANO站下船。也可搭4.1/4.2線在穆拉諾島的停靠站FARO轉乘12線。需時1小時

↑布拉諾島細緻的蕾絲
又稱為立體織眼蕾絲

↑路上販售蕾絲製品的店家林立

交通方式建議

起點站是聖馬可廣場附近交1線發抵的S.MARCO S. ZACCARIA站，以及北岸交4.1/4.2 12線發抵的FONDAMENTE NÓVE站。交1線每10分1班，交4.1/4.2線則是每20分1班，但交12線視時段增減班數，抵達後請先確認回程班次。

托爾切洛島 Torcello TORCELLO 交
馬可波羅機場 Aeroporto Marco Polo
P91 布拉諾島 Burano 交 BURANO 交
梅斯特雷 MESTRE
往梅斯特雷車站
Laguna Veneta 潟湖 P84 穆拉諾島 Murano
聖伊拉斯摩島 Sant' Erasmo
P91 聖米迦勒島 San Michele
交FARO
交COLONNA
交CIMITERO
Ponte della Libertà
交FONDAMENTE NOVE
聖露西亞車站
威尼斯 VENEZIA 交S.MARCO S. ZACCARIA
麗都島 P91 Lido
朱代卡島 Giudecca
潟湖諸島 交LIDO
0 1km

♪ 除了上述介紹的島嶼之外，還有潟湖的歷史起源——托爾切洛島。島上居民不到17人，是座淳樸靜謐的島嶼。由布拉諾島可搭乘交9線前往。

美食

威尼斯最誘人的就是使用新鮮海產的菜色。餐廳集中在聖馬可廣場和雷雅托橋周邊，可別錯過了。

專欄Check♪

- Antiche Carampane ······ **P81**
- Enoteca Al Marca ······ **P81**
- Caffè Florian ······ **P72**
- Cantina Do Mori ······ **P9、73、81**
- Harry's Bar ······ **P73、76**
- Ristorante Da-Tanduo ······ **P85**
- Le Cafè ······ **P77**

How to

聖馬可廣場和雷雅托橋周邊等中心區的餐廳價位較高。想要便宜地解決午餐，則推薦利用聖露西亞車站周邊的餐廳，或是咖啡廳、小酒館。尤其是在威尼斯當地特有的平民小酒館Bacaro，可搭配葡萄酒一起品嘗海鮮類的餐點等，簡單地享用一餐。

聖馬可區　 **MAP** 別冊P17D2

Al Mondo Novo

亞得里亞海的新鮮海產

以傳統的威尼斯菜色為賣點的餐酒館。採用亞得里亞海的海鮮，每天直接向漁夫進貨。店內氣氛沉靜，葡萄酒也很齊全。

DATA
1、2線RIALTO站步行10分
Castello, Salizzada S. Lio, 5409
(041)5200698　11～23時
無休　€25～

聖馬可區　 **MAP** 別冊P17C3

Ristorante da Ivo

世界級VIP造訪的名店

可品嘗每天變換的亞得里亞海鮮。位於聖馬可區，氣氛休閒溫馨，卻是名人長私下造訪的名店。

DATA
1、2線S.MARCO VALLARESSO站步行15分　San Marco 1809, Ramo dei Fuseri　(041)5285004
12時30分～14時、19時30分～22時　週日　€60～

聖馬可區　 **MAP** 別冊P17C2

Ristorante Sempione

欣賞運河一面用餐

供應經典的威尼斯菜色。陽光灑落的店內營造出閒適的氣氛。若想搶手的運河畔座位，建議事先預約。

DATA
1、2線RIALTO站步行8分
Ponte dei Bareteri 578　(041)5226022　11時30分～15時、18時30分～22時30分　冬季的週二
€40～

聖馬可區　 **MAP** 別冊P17C2

Osteria n.1

價格合理的休閒餐廳

也供應披薩的休閒餐廳，是熱門的輕鬆午餐地點。備有沙拉和義大利麵套餐等多種套裝菜色。

DATA
1、4.1/4.2、5.1/5.2線S.MARCO S.ZACCARIA站步行10分
San Marco 598,599,600　(041)5226168　11～24時(冬季～22時30分)　無休　€13.90～　€19～

聖馬可區　**MAP** 別冊P16B3

La Caravella

頗具好評的在地海鮮菜色

位在Hotel Saturnia & International 1F的餐廳。夏天可在店家內部的花園用餐，冬天則推薦在路旁的用餐區。

DATA
1線S.MARIA DEL GIGLIO站步行7分　Hotel Saturnia & International內　(041)5208901
12～15時、19～23時　無休
€40～　€80～

聖馬可區　**MAP** 別冊P16B3

Vino Vino

熟食齊備的小酒館

與隔壁的名店Antico Martini是同經營者，因此吧檯上的熟食十分齊全。350種葡萄酒中的20--30種可點單杯品嘗。

DATA
1線S.MARIA DEL GIGLIO站步行10分　Ponte delle Veste 2007A　(041)2417688
11時30分～23時30分　無休
€30～

聖馬可區　**MAP** 別冊P17D3

Trattoria alla Rivetta

音樂繚繞的小酒館

位在水上巴士停靠站S.ZACCARIA附近的Bacaro，也是貢多拉船夫們休息的地方。透過窗戶可欣賞運河美景。

DATA
1、2、4.1/4.2、5.1/5.2線S.MARCO S.ZACCARIA站步行5分
Ponte S. Provolo 4625
(041)5287302　10～22時
週一　杯裝葡萄酒€1～

 有諳英語的員工　　有英文版菜單　　有著裝規定　　需預約

聖馬可區 MAP 別冊P17C3

Gran Caffè Quadri

1638年創業的老咖啡廳

牆上裝飾著繪畫和鏡子，裝潢格調高雅，歷史悠久的咖啡廳。2F餐廳的用餐預算€100～。

DATA
🚣聖馬可廣場內　🏠Piazza San Marco 121　📞(041)5222105　🕐9時～翌0時30分（冬季～24時）。餐廳12時15分～14時15分、19時15分～22時15分　🚫11～3月的週一　💰☕🍷€6～

聖馬可區 MAP 別冊P16B2

Enoteca al Volto

平價的葡萄酒吧

1936年創業的葡萄酒吧。吧檯陳列10種以上的下酒菜€1～2.50，可享用小杯葡萄酒Ombra€1和杯裝葡萄酒€2.50～。

DATA
🚣Ⓥ1、2線RIALTO站步行6分　🏠Calle Cavalli 4081　📞(041)5228945　🕐10～16時、17時30分～22時　🚫無休　💰☕🍷€5～

聖馬可區 MAP 別冊P17C1

I Rusteghi

招牌是100種以上的帕尼諾

位在雷雅托橋附近小巷弄的Bacaro。該店也是帕尼諾專賣店，每天供應20～30種帕尼諾。

DATA
🚣Ⓥ1、2線RIALTO站步行5分　🏠San Marco 5513-Corte del Tentor　📞(041)5232205　🕐11～15時、18～24時　🚫週日　💰☕€3～

聖馬可區 MAP 別冊P17C3

Gran Caffè Lavena

1750年創業的老咖啡廳

因音樂家華格納經常光顧而聞名的咖啡廳。除了室內也設有露天座位。夏季露臺有現場演奏時，加收音樂費€6。（→P11、72）

DATA
🚣聖馬可廣場內　🏠Piazza San Marco 133-134　📞(041)5224070　🕐9時30分～24時（冬季9時30分～22時）　🚫11月中2週　💰☕€6～

硬壤區 MAP 別冊P16A4

Cantinone Giá Schiavi

在單純的酒館品味葡萄酒

店內只有吧檯，保留傳統Bacaro氣息的酒館。同時也是葡萄酒專賣店，葡萄酒品項齊全。

DATA
🚣Ⓥ1、2線ACCADEMIA站步行5分　🏠Dorsoduro 992　📞(041)5230034　🕐8時～20時30分　🚫週日、8月中20天　💰杯裝葡萄酒€2～

聖保羅區 MAP 別冊P16B1

Trattoria alla Madonna

充滿活力的在地餐館

供應蜘蛛蟹沙拉和墨魚麵等威尼斯家常菜色，1954年創業的餐酒館。妮可基嫚和哈里遜福特等人也曾光顧。（→P9）

DATA
🚣Ⓥ1線S.SILVESTRO站步行5分　🏠Calle della Madonna, San Polo 594　📞(041)5223824　🕐12～15時、19～22時15分　🚫週三　💰☕€50～

聖保羅區 MAP 別冊P16B1

Antica Trattoria Poste Vecie

洋溢歷史氣息的餐館

1780年開幕。威尼斯最古老的餐酒館。運用新鮮食材的海鮮餐點是該店招牌。郵局改建的建築也充滿意趣。

DATA
🚣Ⓥ1線RIALTO MERCATO站步行2分　🏠San Polo(Rialto Pescheria)1608　📞(041)721822　🕐12～15時、19時～22時30分　🚫週二　💰☕€45～

聖保羅區 MAP 別冊P16A1

Osteria da Fiore

大啖亞得里亞海海鮮

原先是酒館Osteria，約在30年前開設了餐廳。也供應生魚的菜色。

DATA
🚣Ⓥ1、2線S.TOMA站步行12分　🏠San Polo, Calle del Scaleter 2202　📞(041)721308　🕐12時30分～14時30分、19時30分～22時30分　🚫週日一、8月中3週、1月3日～1月17日　💰☕€50～🍷€80～

聖保羅區 MAP 別冊P16B1

Osteria Antico Dolo

佐葡萄酒享用美食

鄰近雷雅托的市集，氣氛輕鬆休閒的酒館。營業至深夜23時。鮮蝦義大利麵€19麻辣的風味堪稱絕品。建議佐杯裝葡萄酒€1.50～一同享用。

DATA
🚣Ⓥ1線S.SILVESTRO站步行10分　🏠Ruga Rialto 778　📞(041)5226546　🕐11～23時　🚫無休　💰☕€30～🍷€40～

Bacaro是義大利傳統的酒館。也有在黑板上列出葡萄酒單的店家。試著說「un bicchiere di vino ○○」（我要單杯○○葡萄酒）點餐吧。

聖保羅區 MAP 別冊P16B1

Vini da Pinto

也有休閒的露天座位

除了有當地客小酌用的小吧檯，也可在廣場上的露天座位用餐，非常方便的小酒館。套裝的特別餐點分量十足。

DATA
🚉Ⓥ1線S.SILVESTRO站步行5分
🏠San Polo, Rialto Pescheria 367
📞(041)5224599 🕐9～22時(餐廳11時～) 🈚無休 🍽➕➁€20～

聖保羅區 MAP 別冊P17C1

Un Mondo di Vino

在地人喜愛的酒館

希望不光是在地人，連遊客也能喝到好葡萄酒，該酒館網羅各種威尼托產的葡萄酒。也提供試飲，非常適合初學者。

DATA
🚉Ⓥ1、2線RIALTO站步行8分
🏠Cannaregio 5984a 📞(041)5211093
🕐10～24時(夏季10～15時、17～22時) 🈚無休 🍷杯裝葡萄酒€2.30～

聖保羅區 MAP 別冊P17C1

Muro Vino e Cucina

觀光客也可輕鬆前往

成排的小酒館中，年輕人聚集的店家。1F設有Bacaro和餐廳。第一道主食€12～、第二道主菜€15～。

DATA
🚉Ⓥ1線RIALTO MERCATO站步行2分 🏠San Polo 222 📞(041)2412339 🕐9～15時、16時～翌2時 🈚週日9～15時 🍷杯裝葡萄酒€2.50～

聖保羅區 MAP 別冊P17C1

Suso

頂級食材的義式冰淇淋

該冰淇淋店的水果和堅果等，皆使用精選產地的頂級食材。夏季備有20種以上口味，單球€1.60、雙球€3。(→P11、69)

DATA
🚉Ⓥ1、2線RIALTO站步行5分
🏠Calle della Bissa 📞(349)5646545
🕐10時30分～24時(11～3月11～20時) 🈚無休 🍦€1.60～

卡納雷吉歐區 MAP 別冊P14B2

Vini da Gigio

運河畔的家庭風餐館

家族經營的餐館，使用最新鮮的海產，供應威尼斯家常菜。推薦菜色是墨魚義大利麵。(→P9)

DATA
🚉Ⓥ1線CA'D'ORO站步行10分
🏠Cannaregio 3628A 📞(041)5285140
🕐12時～14時30分、19時～22時30分 🈚週一二、8月中3週 🍽➕➁€50～

聖保羅區 MAP 別冊P16B1

Cantina Do Spade

簡單烹調的新鮮海產

1488年以供應葡萄酒起家，1566年開張為酒館。採用威尼斯食材的酥炸海鮮€16等。葡萄酒杯裝€1～3。(→P73)

DATA
🚉雷雅托橋步行5分 🏠Calle Do Spade,San Polo 859/860 📞(041)5210583
🕐10～15時、18～22時 🈚無休

城堡區 MAP 別冊P15C3

Al Covo

品嘗當季的在地風味

在美食指南中獲得極高評價的餐廳。選用近海捕獲的海鮮，蔬菜則是野生蘆筍等。(→P9)

DATA
🚉Ⓥ1、4.1/4.2線ARSENALE站步行8分 🏠Campiello della Pescaria, Castello 3968 📞(041)5223812 🕐12時45分～14時、19時30分～22時 🈚週三、四 🍽➕€44～ ➁€58～

城堡區 MAP 別冊P15C3

Corte Sconta

親切的熱門海鮮專賣店

充滿朝氣的海鮮專賣店。招牌是鱈魚乾做成的Mantecato等傳統風味的海鮮餐點。

DATA
🚉Ⓥ1、4.1/4.2線ARSENALE站步行10分 🏠Castello, Calle del Pestrin 3886 📞(041)5227024 🕐12時30分～14時、19時～21時30分 🈚週日一、1月7～30日、7月28日～8月18日 🍽➕➁€60～

城堡區 MAP 別冊P17C1

L'Osteria di Santa Marina

漂亮擺盤十分受歡迎

推薦給想優雅品嘗海鮮菜色的人。老闆兼主廚的Agostino Doria推出的菜色充滿創意。

DATA
🚉Ⓥ1、2線RIALTO站步行8分
🏠Campo Santa Marina, Castello 5911 📞(041)5285239 🕐12時30分～14時30分、19時30分～21時30分 🈚週日、一年間 🍽➕➁€55～

🔤有諳英語的員工　📄有英文版菜單　👔有著裝規定　📖需預約

購物

以威尼斯玻璃和面具等傳統工藝品為中心，食材等也很多元。

專欄check♪

Vetri del Ponte	P80
Cartavenezia	P82
Bastianello	
Vetri D'arte	P85

聖馬可區　**MAP** 別冊P16B4

Antica Legatoria Piazzesi

1900年創業的紙類專賣店

販售以骨董印章印上威尼斯相關圖樣的紙張，以及運用這些紙張製作的記事本等商品。

DATA
交V①線S. MARIA DEL GIGLIO站步行5分　住San Marco, S.M. del Giglio, 2511C　☎無　時10時30分～13時，16時30分～20時(視日期變動)　休週日

聖馬可區　**MAP** 別冊P17C3

Artigian Carta

展現手工藝優點的文具

講求傳統手工藝優點的老闆Massimo開設的文具專賣店。老闆親手設計的花紋紙記事本€10～和相薄€26～花樣非常精美。

DATA
交V①、2線S.MARCO VALLARESSO站步行15分　住San Marco 1797　☎(041)5225606　時10～19時(冬季10～13時、15～19時)　休無休

聖馬可區　**MAP** 別冊P17C3

Evem

布拉諾蕾絲專賣店

販售布拉諾島純手工的蕾絲製品。蕾絲點綴的手帕€6～和化妝包等的商品。也有平價的刺繡製品。(→P69)

DATA
交聖馬可廣場步行1分　住San Marco285 Calle Langa　☎(041)5229524　時9時30分～19時30分(假日10時30分～19時)　休週三

聖馬可區　**MAP** 別冊P17D3

Artevetromurano

獨家商品琳瑯滿目

玻璃創作家Penso兄弟和徒弟們開設的店家。販售結合玻璃和毛氈布的項鍊€39、穆拉諾玻璃戒指€10等，適合選購伴手禮。(→P11)

DATA
交聖馬可廣場步行5分　住Castello 4613, Calle delle Rasse　☎(041)5237514　時10時～17時30分　休週三

聖馬可區　**MAP** 別冊P16B3

L'Isola

香檳杯十分出名

Carlo Moretti的作品十分齊全，其特色是在傳統作法上加入現代設計的玻璃器皿。香檳杯€278宛如藝術品。(→P11、68)

DATA
交V①、2線ACCADEMIA步行5分　住San Marco 2970　☎(041)5231973　時10時30分～14時、15～19時30分　休週日

聖馬可區　**MAP** 別冊P17C2

Astolfo

手工串珠飾品

販售採用穆拉諾島上手工製作的串珠創作的飾品、包包等。商品用色繽紛、作工精緻，網羅也可日常使用、品味高雅的商品。

DATA
交V①、2線S.MARCO VALLARESSO站步行10分　住San Marco 738　☎(041)2960640　時10～13時、14時～19時30分　休無休

聖馬可區　**MAP** 別冊P16B3

The Merchant of Venice

以傳統配方製作的香水

該香水店改建自1800年代的藥房。販售以古早作法製作的香氛、調和香味的香水€65～。(→P68)

DATA
交聖馬可廣場步行3分　住Campo San Fantin, San Marco 1985　☎(041)2960559　時10時30分～19時30分　休週一

聖馬可區　**MAP** 別冊P17C2

Il Canovaccio

行家製作的漂亮面具

店內陳列各式各樣的面具。商品以傳統設計為中心，有裝飾用和戲劇用等款式，用途也很多元。店內設有工坊，可參觀面具製作。(→P69)

DATA
交聖馬可廣場步行5分　住San Marco 5369/70　☎041-5210393　時10時～19時30分(視季節而異)　休無休

 大多數店家不接受特價品等的退換貨。接受退換貨的店家和國內一樣需具備收據才能退貨。購買前請仔細確認尺寸等事項，避免退換貨。

聖保羅區 MAP 別冊P17C1

Caffi

多種威尼斯玻璃

位於雷雅托橋邊，販售威尼斯玻璃的商店。寬敞的賣場內陳列玻璃杯、飾品等多樣化的商品。玻璃杯€5～（→P69）

DATA
🚶雷雅托橋步行即到 🏠San Marco5319
📞(041)5225447 🕐9時30分～23時
（週日10時～19時30分）冬季10時～
19時30分（週日～19時） 🗓無休

聖保羅區 MAP 別冊P16B4

F.G.B.

價格親民的穆拉諾玻璃

平價販售穆拉諾島上自家工坊出產的玻璃製品。商品種類多元，有戒指€20等飾品到玻璃杯（小）€24～等器皿。（→P11、68）

DATA
🚶聖馬可廣場步行5分
🏠San Marco 2514, S.Maria del Giglio
📞(041)5236556
🕐10～18時 🗓無休

聖保羅區 MAP 別冊P17C1

Emilio Ceccato

伴手禮就選傳統服飾

有著100年歷史的工作服專賣店。貢多拉船夫的草帽€27～和條紋上衣€15～是十分熱門的威尼斯風紀念品。（→P69）

DATA
🚶雷雅托橋步行即到
🏠Sottoportici Rialto 16
📞(041)5222700 🕐10時～13時30分、14時30分～19時 🗓不定休

聖保羅區 MAP 別冊P16B1

Enoteca Mascari

家族經營的食材店

販售價格合理親民的商品，如威尼斯常見的餅乾Baicoli€8.50等，尋找伴手禮時相當方便。店內也設有以威尼托產為中心的葡萄酒區。（P12）

DATA
🚶雷雅托橋步行5分 🏠San Polo 381 📞(041)5229762 🕐8～13時、16時～19時30分 🗓週三下午、1～11月週一

卡納雷吉歐區 MAP 別冊P14B2

Billa

從食材到日用品

位在黃金宮附近的超級市場。店面窄但屋身較長，店內販售義大利麵醬和即食產品、葡萄酒、雜貨等，品項相當齊全。

DATA
🚶Ⓥ1線CA'D'ORO步行10分
🏠Cannaregio 3660
📞(041)5236970 🕐8～23時
🗓無休

聖保羅區 MAP 別冊P17C1

Attombri

玻璃串珠的首飾

該飾品店位於雷雅托橋步行即到的絕佳位置。販售1920～30年代的骨董串珠飾品，項鍊€150～200（→P11、69）

DATA
🚶雷雅托橋步行1分 🏠San Polo Sottoportico di Rialto 65 📞(041)5212524 🕐10～13時、14時30分～19時 🗓週日

城堡區 MAP 別冊P17D2

Kerer

販售漂亮的亞麻織品

蕾絲綴邊的桌巾設計十分多樣。僅販售威尼斯的手工製品，也有採用布拉諾蕾絲編織手法的商品。（→P69）

DATA
🚶1、2、4.1/4.2、5.1/5.2線 S.ZACCARIA站步行10分
🏠Castello 4328A-4317
📞(041)5235485 🕐10～18時

城堡區 MAP 別冊P17D2

Ca' del Sol

充滿藝術性的面具

位在運河畔的面具店。陳列著各式各樣的面具，從定型、上色到裝飾等全部都是純手工的面具€2～700。店內也販售面具造型的紀念品。

DATA
🚶1、2、4.1/4.2、5.1/5.2線S.ZACCARIA站步行10分
🏠Castello 4964 📞(041)5285549
🕐10～20時（夏季～23時） 🗓無休

城堡區 MAP 別冊P17C2

Dolcetta Aldo

洋溢旅遊風情的商品

販售獨特的商品，如描繪威尼斯風景的版畫和骨董風的擺設小雜貨等。也有航海用物品的復刻版。

DATA
🚶Ⓥ1、2線RIALTO站步行10分
🏠Salizzada San Lio 5672
📞(041)5226923 🕐10時～12時30分、15時30分～19時30分（冬季10時～19時30分） 🗓週日

威尼斯／飯店

飯店

威尼斯是歐洲的代表性觀光勝地，從高級飯店到小旅店，飯店類型繁多。由於夏季人潮眾多訂房不易，應提早預約。相對地，部分小旅店冬季會有長期不營業的情況，因此建議事先進行確認。

How to

留有中世紀風華的威尼斯，有許多利用14～16世紀建築物改裝的飯店，以及大運河旁可以欣賞運河風光的飯店。尤其以聖馬可廣場周邊、聖露西亞車站周邊的飯店數量更多。聖馬可廣場周邊雖然地理位置極佳，但費用卻偏高。聖露西亞車站周邊的價格雖然相較低廉，但由於威尼斯是歐洲最大的觀光地區之一，到了2～3月的嘉年華時期和夏天旺季時，整體的價格就會攀升。部分時期住宿費用甚至可能會有極大的差異，應事先進行確認並提早預約。

聖馬可區　MAP 別冊P17D3

Hotel Danieli

水都的代表性豪華飯店

由14世紀末建造的總督官邸改建而成。奢豪的哥德式飯店備受各國名人雅士鍾愛。位於頂樓的餐廳也十分有名。

DATA

図Ⓥ1、2、4.1/4.2、5.1/5.2線S.ZACCARIA站步行3分　住Riva degli Schiavoni 4196　☎需洽詢　✿⑤⓪　225間
★★★★★L

卡納雷吉歐區　MAP 別冊P14A1

Hotel Amadeus

近火車站十分方便

位於聖塔西亞車站附近，十分適合當作觀光據點，威尼斯風格的客房也很有特色。中庭不但能夠享用早餐、還可以品嚐到雞尾酒。

DATA

図Ⓥ1、2、4.1/4.2、5.1/5.2線FERROVIA站步行6分　住Lista di Spagna 227　☎(041)2206000　✿⑤⓪€80～375　63間
★★★★

聖馬可區　MAP 別冊P16B4

Hotel Gritti Palace

王室愛用的名門飯店

將大運河邊建於16世紀的總督府邸改建而成的飯店。創業後接待過各國的王室成員，提供最高水準的服務。

DATA

図Ⓥ1線S. MARIA DEL GIGLIO站步行3分　住Compo Santa Maria del Giglio 2467　☎(041)794611　✿⑤⓪～€1100大套房～€13000　82間　★★★★★L

城堡區　MAP 別冊P15C3

Metropole Hotel

欣賞運河放鬆身心

每間客房都有不一樣的裝潢，窗外可欣賞到小運河、庭園、潟湖等各式各樣的景觀。全客房備有吹風機、小冰箱。

DATA

図Ⓥ1、2、4.1/4.2、5.1/5.2線S.ZACCARIA站步行即到　住Riva degli Schiavoni 4149　☎(041)5205044　✿⑤⓪€195～　65間
★★★★★

聖馬可區　MAP 別冊P17C2

Palace Bonvecchiati

設備充足的高品味飯店

位於雷雅托橋與聖馬可廣場之間，客房內陳設品味極高，體現舒適的住宿。健身中心內設有按摩浴缸和三溫暖。

DATA

図Ⓥ1、2線RIALTO站步行10分　住San Marco 4680　☎(041)2963111　✿⑤⓪€300～　70間
★★★★

硬壤區　MAP 別冊P16A4

Ca'Pisani Hotel

充滿新舊調和之美的設計型飯店

位於學院美術館南側，由約500年前的商館改裝而成。歷史悠久的外觀和裝潢典雅的室內妙地融合。出自義大利設計師的室內裝潢，使用了皮革、布料、金屬等各式各樣的材料，四處都能見到令人驚豔的嶄新創意。飯店地下室還有能品嚐到法式甜點的餐廳。

↑運用屋梁設計的客房。既有溫潤的感覺又具有設計性
↓夜晚充滿高格調的氣氛

DATA

図Ⓥ1、2線ACCADEMIA站步行3分　住Dorsoduro 979a　☎(041)2401411　✿⑤⓪€150～630　29間　★★★★

 有諳英語的員工　 餐廳　 泳池　 健身房

聖馬可區  MAP 別冊P16B3

Hotel Saturnia & International

多樣的室內設計
享受優雅的住宿時光

開業於1908年的飯店，由望族Pisani家族建造於14世紀的宅邸改建而成，莊嚴的設計讓人感受到歷史的份量。運用木紋的19世紀樣式，以及各種不同的內裝樣式，每一種都散發出高貴的氣質。客房相當整潔，標準雙床房等，可以相對較低廉的價格訂到。2樓備有寬廣的沙龍，屋頂也設有能曬太陽的日光浴場。

↑在莊嚴的大廳讓人感受到歷史的份量
→白色基調、有著明亮氣氛圍的室內

DATA
🚉♈1線S. MARIA DEL GIGLIO站步行7分 🏠San Marco, Via XXⅡ Marzo 2398 ☎(041)5208377 💰⑤€120～ⓣ€156～ 88間 ★★★★

聖馬可區 MAP 別冊P16B3

Hotel Kette

高格調且價格親民的4星飯店

客房內裝採用威尼斯玻璃的照明燈具，營造出高品味而穩重的氛圍。大理石打造的浴室，和提供貼心服務的服務人員，共同為顧客帶來舒適的住宿時光。

DATA
🚉♈1線S. MARIA DEL GIGLIO步行10分 🏠San Marco 2053 ☎(041)5207766 💰⑤ⓣ€110～300 63間 ★★★★

聖克萊門特島 MAP 別冊P15C4 **San Clemente Palace** ★★★★★	聖克萊門特島上的度假村。可以安排接駁船往來聖馬可廣場和飯店之間。🚉聖馬可廣場船程10分 🏠Isola di San Clemente 1	
聖馬可區 MAP 別冊P17C4 **The Westin Europa & Regina, Venice** ★★★★★	浴室以大理石打造，單人房共19間。大運河旁的餐廳葡萄酒種類五花八門。🚉♈1・2線S.MARCO VALLARESSO站步行5分 🏠San Marco 2159 ☎(041)2400001 💰⑤€465～ⓣ€810～ 185間	
聖馬可區 MAP 別冊P17C3 **Bauer** ★★★★★	面對著聖梅瑟廣場。高格調的大廳、酒吧以及能欣賞到大運河風光的餐廳都富魅力。🚉♈1・2線S.MARCO VALLARESSO站步行8分 🏠San Marco 1459 ☎(041)5207022 💰⑤ⓣ€260～850 109間	
聖馬可區 MAP 別冊P17D2 **Hotel Concordia** ★★★★	位於聖馬可大教堂旁。客房採用18世紀的樣式。🚉♈1・2線S.MARCO VALLARESSO站步行10分 🏠Calle Larga San Marco 367 ☎(041)5206866 💰⑤ⓣ€200～600 53間	
聖馬可區 MAP 別冊P17C2 **Starhotels Splendid Venice** ★★★★	位於鬧區，但備有面向靜謐小運河的客房，裝有隔音設備。🚉♈1・2線RIALTO站步行10分 🏠San Marco, Mercerie 760 ☎(041)5200755 💰⑤ⓣ€180～1100 165間	
聖馬可區 MAP 別冊P17C1 **Hotel Rialto** ★★★★	面對著大運河，浴室附淋浴或浴缸。🚉♈1・2線RIALTO站步行即到 🏠San Marco 5149, Ponte di Rialto ☎(041)5209166 💰⑤€220～ⓣ€260～ 79間	
聖十字區 MAP 別冊P14B2 **Hotel San Cassiano** ★★★★	開幕於1959年，將14世紀貴族宅邸改建而成的飯店。有6間客房面對著大運河。🚉♈1線S. STAE站步行8分 🏠Santa Croce 2232 ☎(041)5241768 💰⑤€80～150ⓣ€100～300 35間	
硬壤區 MAP 別冊P16A4 **Pensione Accademia** ★★★★	將建於17世紀的時髦別墅改建而成的飯店。位於學院橋附近，交通方便。🚉♈1・2線ACCADEMIA站步行5分 🏠Dorsoduro 1058 ☎(041)5210188 💰⑤€80～150ⓣ€135～330 27間	
聖馬可區 MAP 別冊P16B4 **Hotel Bel Sito & Berlino** ★★★	客房內配置了18～19世紀風格的家具。🚉♈1線S.MARIA DEL GIGLIO站步行5分 🏠San Marco 2517, Campo S. Maria del Giglio ☎(041)5223365 💰⑤€50～200ⓣ€70～300 38間	
硬壤區 MAP 別冊P14B3 **Hotel American** ★★★	位於寧靜的小運河旁，有12間客房靠近運河。提供免費上網服務。🚉♈1・2線ACCADEMIA站步行10分 🏠Dorsoduro 628 ☎(041)5204733 💰⑤€50～220ⓣ€90～310 30間	
聖馬可區 MAP 別冊P16B4 **Hotel Do Pozzi** ★★★	位於3月22日大街旁盡頭的飯店，觀光購物都十分方便。🚉♈1線S. MARIA DEL GIGLIO站步行5分 🏠Via XXⅡ Marzo 2373, San Marco ☎(041)5207855 💰⑤～€135ⓣ～€280 28間	
硬壤區 MAP 別冊P14A3 **Hotel Pausania** ★★★	位於寧靜的小運河旁，將14世紀貴族宅邸改建而成的飯店。🚉♈1線CA'REZZONICO站步行3分 🏠Dorsoduro 2824 ☎(041)5222083 💰⑤€50～ⓣ€65～ 24間	

 有諳英語的員工 餐廳 泳池 🏋健身房

陶醉於美妙的音色

歌劇 *Opera*

一般認為發源於翡冷翠的義大利歌劇，大都是悲戀、畸戀、復仇等的題材。熱情地表現出喜怒哀樂且富有旋律性的歌曲，和充滿臨場感的交響樂團，擄獲眾多觀眾的心。

義大利歌劇的特徵

據說16世紀末在翡冷翠上演，以希臘神話為主題的音樂劇就是歌劇的起源。到了17世紀時，傑出的音樂家接連出現，風潮也帶到了羅馬和威尼斯等地。旋律流暢且重視美麗聲音的「美聲唱法」，更是義大利獨特的產物。

歌劇的季節與禮儀

歌劇季節在10～6月。近年來的服裝限制已簡化，除了第一天以外，只要穿著西裝、洋裝就不會有問題。歌劇一般都在20時左右開演，觀賞時應保持安靜，行動電話需關機。

歌劇院本身的優雅感覺也不應錯過
（威尼斯鳳凰劇院）

座位的種類 ※費用為史卡拉歌劇院的參考值

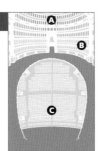

Ⓐ 樓座 Galleria ....
最上層的座位。空間狹小，但價格便宜，多為年輕人和常客購買。費用為€13～。

Ⓑ 包廂 Palco ....
包廂座位。4～6人坐一個包廂，可以單人購買。後方座位較難看清楚舞台。€50～

Ⓒ 池座 Platea ....
一般座位。不論從哪個座位都能看到表演，可以感受到華麗的氛圍。費用為€210～。

購票的方法

著名的歌劇很難買到票，因此如果有想看的歌劇，最好在國內出發前就先行購買。歌劇院的官網上可以預購，可以選擇座位的種類和費用等。雖然可以直接前往當地的歌劇院窗口買票，但不同的劇目剩下的座位也各不相同。演出當天或許有可能買到樓座。

歌劇院看這裡

威尼斯 鳳凰劇院
Teatro la Fenice　**MAP** 別冊P16B3

DATA 🚶聖馬可廣場步行10分　售票處 🕐10～17時（當日票於公演開始前1小時發售）🈵無 服務中心 ☎(041) 2424

米蘭 史卡拉歌劇院
Teatro alla Scala　**MAP** 別冊P12B3

DATA 🚇Ⓜ1、3號線大教堂站步行5分　售票處 Ⓜ1、3號線大教堂站內 🕐12～18時 🈵無 自動預約 ☎(02) 860775
※歌劇院當天只販售樓座的140個座位。開演前1小時售票，需經過登記姓名→唱名→購票

名稱是不死鳥的意思

米蘭的史卡拉歌劇院

◉義大利歌劇的代表性作品

『塞爾維亞的理髮師』
Il Barbiere di Siviglia
羅西尼作曲　■首演：1816年
■構成：2幕　■上演時間：約2小時30分
以法國劇作家博馬舍撰寫的戲曲為基礎的作品。是莫札特「費加洛的婚禮」的前篇，也是讓羅西尼廣為人知的傑作。內容以塞爾維亞為故事背景，阿瑪維瓦伯爵向理髮師費加洛請教，隱藏住高貴的身分，將自己的心願傳達給所愛女性的故事。輕快旋律的詠嘆調是聆賞重點。

『茶花女』 La Traviata
威爾第作曲　■首演：1853年
■構成：3幕　■上演時間：約2小時
義大利歌劇大師威爾第的代表作。原作是小仲馬撰寫的同名小說，故事背景是19世紀的法國。是巴黎歡場女子薇奧麗塔和南法青年阿爾弗雷多之間悲戀的愛情故事。第1幕最後由女主角薇奧麗塔唱的詠嘆調「啊，夢中的情人」極美。

『阿依達』 Aida
威爾第作曲　■首演：1871年
■構成：4幕　■上演時間：約2小時30分
以古埃及為舞台，並在開羅首演。以豪華的服飾和規模的宏大博得人氣。埃及的將軍拉達梅斯，和敗國衣索比亞國王阿摩納斯羅之女阿依達之間的悲慘愛情故事，情節以埃及公主安奈莉絲的嫉妒心為主軸展開。高亢的小號而聞名的第2幕『凱旋進行曲』的主題1，就是日本國家足球隊的加油曲。

『蝴蝶夫人』 Madama Butterfly
普契尼作曲　■首演：1904年
■構成：2幕　■上演時間：約2小時15分
在米蘭史卡拉歌劇院首演的普契尼傑作。舞台設定在明治時代的長崎，講述相信美國海軍軍官平克頓而一直等待，卻遭背叛而殉命的沒落武士女兒蝴蝶的命運。蝴蝶夫人在第二幕唱的詠嘆調「美好的一天」最為有名，表現出等候丈夫回來的思念。另外「櫻花」和「君之代」等日本歌曲也有出現。

年表中看到的義大利演變

● 歷史、文化

義大利在古羅馬、文藝復興等時期發展出華麗的文化，直到現在仍然留有這些歷史的風貌。只要能知道主要的時代特徵和發生的事件，在遊逛古蹟和欣賞美術品時就能夠更加深入。

History/Culture

希臘神話裡女神維納斯的子孫，和戰神馬爾斯生下了雙胞胎羅慕勒斯和雷姆斯。被丟棄在台伯河岸的這對雙胞胎，由母狼在帕拉蒂尼山丘養大。傳說中成年後的雙胞胎在西元前753年建立的國家就是羅馬。

維蘇威火山爆發，掩埋了龐貝城（西元79年）

											拜占庭	
古希臘／伊特魯里亞		古羅馬				初期基督教						羅曼式
		西元前2世紀	0		4世紀	5世紀	6世紀			9世紀	11世紀	12世紀

西元1000年左右　伊特魯里亞人定居托斯卡尼

西元前753年　傳統君主制的羅馬建國

西元前312年　亞壁古道動工

西元前264〜146年　第1〜3次布匿戰爭

西元前51〜58年　凱撒遠征高盧

西元前44年　凱撒遭暗殺

西元前27年　奧古斯都即位為第一代皇帝

64年　尼祿皇帝迫害基督教

116年左右　圖拉真皇帝的治世下領土達到最大

313年　君士坦丁大帝承認基督教

395年　羅馬帝國分裂為東西二國

476年　西羅馬帝國滅亡

493年　東哥德王國在義大利建國

6世紀左右　威尼托人為了逃離蠻族的統治而移居威尼斯潟湖上的島嶼

554年　拜占庭帝國占領義大利

697年　威尼斯確立為共和制

800年　查理大帝在羅馬加冕

962年　神聖羅馬帝國成立

1096〜1202年　第1〜4次十字軍東征

凱撒大帝

古羅馬帝國的繁榮

羅馬建國到東西分裂，在長達1000年以上的期間，是以其壯盛的國力主導古代世界的一大帝國。歷代的統治者超過了250人，人口則在奧古斯都的治世時到達5000萬人。

古羅馬帝國勢力圖

	B.C.264年前後
	B.C.60年前後
	圖拉真皇帝時代（98〜117年）
	東西分裂（395年）

[不列顛尼亞]
倫狄尼姆（倫敦）

[日耳曼尼亞]

盧泰西亞（巴黎）

大西洋

[高盧]

[西班牙]

文多波納（維也納）

米蘭

黑海

羅馬
[義大利]

君士坦丁堡

迦太基

雅典

[美索不達米亞]

地中海

西羅馬 ← → 東羅馬（拜占庭帝國）

[亞歷山卓]　埃及

拜占庭樣式傳入

以拜占庭帝國為中心發展而成的藝術風格，是一種以初期基督教美術為基礎，並結合希臘風格和波斯、亞洲影響的樣式。特徵是將燒上顏色的玻璃和大理石碎片一片片鑲成圖畫的鑲嵌畫，以及禮拜和祈禱對象的小型聖像畫等。

威尼斯的聖馬可教堂

達文西「最後的晚餐」完成（1498年）

法西斯政權時代興
建的米蘭中央車站
（1931年）

拜占庭									
哥德		文藝復興				巴洛克	洛可可		

| 13世紀 | 14世紀 | 15世紀 | 16世紀 | 18世紀 | 19世紀 | 20世紀 | | 21世紀 |

- 1271年 馬可波羅東方之旅啓程
- 1348年 鼠疫疫情大爆發
- 1395年 維斯康提家族接任米蘭大公
- 1434年 麥第奇家族掌握翡冷翠實權
- 1492年 哥倫布發現美洲新大陸
- 1521〜1559年 義大利戰爭
- 1796年 拿破崙遠征義大利
- 1797年 威尼斯共和國滅亡
- 1798年 羅馬共和國成立
- 1806年 神聖羅馬帝國滅亡
- 1815年 米蘭大教堂完工
- 1848年 義大利獨立戰爭
- 1861年 統一的義大利王國成立，艾曼紐二世即位
- 1915年 第一次世界大戰參戰
- 1922年 任命墨索里尼為首相
- 1925年 墨索里尼發表法西斯獨裁宣言
- 1940年 第二次世界大戰參戰
- 1947年 義大利共和國成立
- 1960年 舉辦羅馬奧林匹克運動會
- 2002年 開始使用歐元
- 2006年 舉辦杜林冬季奧運

米蘭大教堂

提香
《聖靈降臨》

法西斯政權的終結
成立共和國

1920〜30年代是墨索里尼掌控的法西斯
時代，但義大利國內的反法西斯聲浪高
漲。當1943年同盟國軍隊登陸西西里島
之後，二次大戰的義大利敗戰已告確
定，同時墨索里尼被迫下台，之後義大
利的北部和中部也陸續推翻了法西斯政
權。1946年時在君主制存廢的國民投票
之後，義大利轉為共和制。

文藝復興的興起

出自於翡冷翠，14〜16世紀時
遍及全歐洲的思想運動。將文
藝復興大師達文西迎至米蘭的
史豐哲家族，以及衍生出威尼
斯畫派等，對於義大利北部也
有巨大的影響。

◆威尼斯派的大師
在文藝復興運動影響下出現的威尼斯派，特徵
是鮮豔的色彩。代表性畫家有威尼斯共和國的
御用畫家提香，以及提香的門生，活躍在16世
紀中葉之後的丁托列多等人。

◆威尼斯的文藝復興運動
文藝復興不但衍生出威尼斯畫派，而且將文藝復興
樣式的建築物帶進了威尼斯。文藝復興的思想，不
但影響了藝術領域，而且對於以《東方見聞錄》聞
名的馬可波羅等各方面都有重大影響。

米開朗基羅
《隆旦尼尼聖殤》

國家統一，義大利王國的誕生

薩丁尼亞王國的艾曼紐二世，一直希望統一中世之
後一直呈現分裂的義大利。該國首相加富爾，在
1859〜60年得到法國軍隊的奧援，統一了義大利北
部和中部。之後，共和派的加里
波底占領了西西里和拿坡里並獻
給了國王，至此義大利完成了實
質的統一。艾曼紐二世即位成為
義大利王國的國王。

羅馬的威尼斯廣場上國王艾曼
紐二世的騎馬像

●義甲觀戰指南

聞名全球、近年來也越來越受國人關注的義大利足球——萬眾矚目的義大利甲級聯賽。就跟著當地球迷，一起在現場觀賞火熱的球賽吧！

● Step 1

義甲基本知識

義大利職業足球聯盟分為甲級、乙級和丙級，最高等級是甲級聯賽的義甲。在每年8月下旬～翌年5月中旬的賽季裡，共有20支球隊競逐聯賽的冠軍。球季結束後，20支球隊裡的倒數3名和乙級聯盟的前3名自動交替。比賽的開始時間因季節和星期幾而異，詳情請參考官方網站。URL www.lega-calcio.it/

● Step 2

門票的購買方法

基本上，門票從比賽舉行當週的週一開始發售。只要不是冠軍戰或主場球隊之間的對戰，就可以當天在球場的售票窗口買票。有幾種不同的方式可以買到票，應該先行掌握。事前預約是絕對可以買到票的不二法門，購票方法如下。

1 在國內購買	各球隊不同，但俱樂部球隊都可以在官網以信用卡支付購買門票。此外，也可以透過旅行社在國內預約。
2 在當地先行購買	雖然不是全部球賽都可以，但在市區的官方商店和銀行、球場窗口都可以買到門票。
3 當天在球場購買	售票窗口按照座位類型分散不同地方，應確認標示後前往窗口。部分比賽窗口會十分擁擠，請提早購票。

座位的種類（朱塞佩・梅亞查球場）

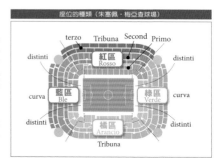

terzo　Tribuna　Second　Primo

distinti　　　　　紅區 Rosso　　　　distinti

curva　藍區 Ble　　　　綠區 Verde　curva

distinti　　　　橘區 Arancio　　　distinti

Tribuna

● Step 3

觀戰的禮儀

入場前有手提行李的檢查，酒精類和玻璃瓶等禁止攜入。身上有客場球隊加油道具，可能成為狂熱派球迷的標靶，應儘量避免。

■球場

朱塞佩・梅亞查球場 聖西羅球場

參加導覽一遊球場

集主場球隊和球場魅力於一身的球場導覽行程也值得參加。

Stadio Giuseppe Meazza MAP 別冊P6A3

主場在米蘭的國際米蘭和AC米蘭二隊的主場體育館。名稱來自於曾活躍於國際米蘭和AC米蘭二隊的名將朱塞佩・梅亞查。一般都使用暱稱聖西羅（San Siro）球場。

DATA 搭M1號線LOTTO站步行15分，或M3號線由靠大教堂一側的Mazzini路上搭乘往Stadio Giuseppe Meazza的16路路面電車在終點站下車

門票賣場

【當日票】可以在球場南北二側各一處的圓筒形售票處購買

【預售票】●AC米蘭／義大利聯合商業銀行Banca Intesa（別冊MAP/P13C4）販售 ●國際米蘭／米蘭人民銀行Popolare di Milano（別冊MAP/P13C3）、Feltrinelli（書店）內的CD店Ricordi Mediastore售票處等地販售

DATA 聖西羅球場導覽行程（約30分）／14號窗口買票後等人數到齊後就出發。導覽行程只提供義、德、法、葡、英語等。☎ (02) 4042432 時9時30分～17時（有比賽時會變更）休€17（不舉辦導覽時介紹球場€7）

S
T
A
R
T

■球場和座位

賽場的尺寸是105×68公尺，1925年完成當時，是義大利最大的球場。

■博物館

可以和1比1的球員人偶和照片合照，也可以觀賞商隊的電影等，是一座富有魅力的博物館。

■有2座球員休息室

由於聖西羅球場是國際米蘭和AC米蘭二隊的主場，因此球場內設有二隊各自的球員專用休息室。

■商店

除了有販售國際米蘭及AC米蘭二隊相關商品的官方商店之外，還可以買到圍巾和制服等。

G OAL

♪Day Trip♪♫

攤販林立人來
人往的維洛那
百草廣場（→P107）

米蘭出發	威尼斯出發
🚆〔火車〕50分	🚆〔火車〕1小時40分

北方文藝復興的
歡樂遺體
留存至今

貝加莫

MAP 別冊P2A1

貝加莫位於米蘭和威尼斯2大強國之間，仍然能夠維持自治都市身分發展繁榮。街區有位於海拔365公尺山丘上的舊市區上城和19世紀在山麓建造的新市區下城等2種樣貌。

↑山丘上的舊市區上城看出去的風光
←紅白大理石極美的克雷歐尼禮拜堂立面(左)聖母教堂入口石柱的紅色獅子像(右)

Access 米蘭出發時的乘車站是米蘭中央車站或Porta Garibaldi車站。搭乘普通車到貝加莫車站約需50分。

旅客服務中心【城市中心內】⨂Viale Papa Giovanni XXIII 57（Urban Center內）☎(035)210204 ⏰9時～12時30分、14時～17時30分 休無 MAPP104
【旧市街】⨂Via Gombito 13～(035)242226 ⏰9時～17時30分 休無 MAPP104

【 4小時行程 】
〜（Start）

貝加莫車站
⬇ 巴士5分·電纜車5分
舊市區Citta' alta纜車站
⬇ 步行3分
維琪亞廣場
⬇ 步行1分
克雷歐尼禮拜堂
⬇ 步行即到
聖母教堂
⬇ 步行3分
董尼才第紀念館
⬇ 步行20分
卡拉拉學院美術館
⬇ 步行10分
Pignolo路
⬇ 步行10分
新市區下城（Matteotti廣場）
⬇ 步行5分
貝加莫車站
〜（Goal）

這裡的遊逛方式
新市區下城和舊市區上城形成了貝加莫，可以花些時間好好遊逛這個新舊市區的景色，新市區可以善加運用巴士和電纜車。到了貝加莫車站後，最好先在站內的Kiosk購買巴士和電纜車共用車票的1日票€3.50（單次車票€1.30）。舊市區上城步行就可以逛完，就輕鬆地散步遊逛吧。由於海拔超過了300公尺，視野極佳。建議挑選好天氣時前往。

地圖標示
Via della Fara
維琪亞廣場 P105
上城（舊市區）CITTÀ ALTA
卡拉拉學院美術館 P105
Ple S. Agostino
Via Colleoni
旅客服務中心
Caffe del Tasso P105
Pza Duomo
受洗堂 Battistero
Palazzo della Ragione
S.Agostino門
Porta S.Agostino
Via della Noca
Pza G.Carrara
Pza Mercato delle Scarpe
Viale delle Mura
大教堂 Duomo
電纜車
Viale Vittorio Emanuele II
Funicolare
聖母教堂 P105
克雷歐尼禮拜堂 P105
董尼才第紀念館 P105
Gall.Conca d'Oro
Excelsior San Marco
Via S.Tomaso
Via Pignolo
Via S.Giovanni
Via G.Verdi
聖靈教堂 S. Spirito
下城（新市區）CITTÀ BASSA
0 —— 100m
往Matteotti廣場、貝加莫車站、ℹ旅客服務中心
往Matteotti廣場

↓羅馬樣式的外觀非常出色

觀光

克雷歐尼禮拜堂 *Cappella Colleoni* MAP P104

注意多色大理石點綴的立面

位於以布拉曼帖濕壁畫聞名的理性宮後方、面對大教堂廣場的禮拜堂。1470～76年間由文藝復興時期的建築師阿馬提歐，在聖母教堂的聖器室原址建造的教堂，有倫巴底文藝復興建築傑作的美稱。內部有威尼斯畫派的提也波洛繪製的濕壁畫，和木編工藝製成的文藝復興風格聖歌隊座位等。

和聖母教堂比鄰而居

data ⚊維琪亞廣場步行1分 住Piazza Duomo ☎(035)210061 時9時～12時30分、14時～18時30分(11～2月為9時～12時30分、14時～16時30分) 休11～2月的週一 金免費

←麗致裝飾內外觀極為的美細

觀光

董尼才第紀念館
Museo Donizettiano MAP P104

各種董尼才第的珍貴資料

距離電纜車站約300公尺左右的紀念館，展示著生於貝加莫的作曲家董尼才第的遺物。大廳中還可參觀親筆的原稿、信件、樂器等。

data ⚊維琪亞廣場步行3分 住Via Arena 9 ☎(035)399111 時9時30分～13時、14～18時 休週一 金€3

觀光

維琪亞廣場
Piazza Vecchia MAP P104

上城的中心

在克雷歐尼禮拜堂、作為議會使用的理性宮，以及現在仍能登上的市塔等建築圍繞下，是上城的中心地。

data ⚊電纜車站步行3分

→廣場中央有建於18世紀的獅子噴水池

觀光

卡拉拉
學院美術館
Pinacoteca dell' Accademia Carrara MAP P104

沉醉於義大利名畫

展示16世紀創辦美術學院的卡拉拉的收藏品，有許多貝里尼等15～18世紀的義大利畫作。

data ⚊維琪亞廣場步行20分 住Piazza Giacomo Carrara 82 ☎(035)399643

過了S. Agostino門之後即到

觀光

聖母教堂
Basilica di Santa Maria Maggiore MAP P104

沉醉於華麗的掛毯

緊鄰克雷歐尼禮拜堂，建於12世紀的教堂，埋葬著出生於貝加莫的偉大作曲家董尼才第。建築物是羅馬式，但是內部則是16～17世紀改建的巴洛克樣式。走廊和內殿裡裝飾著翡冷翠和比利時安特衛普的工匠編織的掛毯。尤其是以Allori的草稿編成，描繪聖母瑪利亞生平的掛毯更是不能錯過。

→面向左側的門就是入口

data ⚊維琪亞廣場步行1分 住Via Piazza Vecchia 6 ☎(035)223327 時9時～12時30分、14時30分～18時；冬季為9時～12時30分、14時30分～17時(週六為9時～12時30分、14時30分～18時、週日為9～13時、15～18時) 休冬季的週二～五下午 金免費

美食

Caffe del Tasso MAP P104

貝加莫最古老的咖啡廳

1476年創業。除了約200種葡萄酒之外，老闆Menori調製的雞尾酒也備受好評。位於上城中心的維琪亞廣場上，很適合觀光時進來坐坐。帕尼諾€5.50～。

data ⚊維琪亞廣場步行即到 住Piazza Vecchia 3 ☎(035)237966 時8時～翌2時(冬季～21時) 休無休 金咖啡€1～22

→面對茱麗葉家中庭的座陽台

羅密歐與茱麗葉 傾訴愛的

維洛那
Verona [MAP]別冊P38下

↑美麗的街區留有濃濃的中世紀風貌

↑←將鎖頭鎖在鐵欄杆上見證愛情的茱麗葉故居

維洛那在古代就以交通的要衝繁榮，14世紀在史卡拉家族統治時到達了全盛時期。位於阿迪傑河畔的小城裡，羅馬時代的遺蹟和中世紀的建築完美調和，整座城市都登錄為世界遺產。維洛那也以『羅密歐與茱麗葉』的舞台聞名，街區裡也留有許多茱麗葉故居等相關的景點。

Access 米蘭中央站到維洛那的PORTA NUOVA車站，搭乘高速列車Le Frecce約1小時20分；威尼斯的聖露西亞車站出發時，搭乘Le Frecce約需1小時10分。

旅客服務中心 🏠Via degli Alpini 9 📞(045) 8068680 [MAP]P106 ※2015年1月時關閉中，重啟時間未定

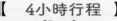

【 4小時行程 】
──（Start）──

PORTA NUOVA車站
　⬇ 巴士5分+步行10分
茱麗葉故居
　⬇ 步行5分
百草廣場
　⬇ 步行5分
公爵小酒館
　⬇ 步行約15分
老城堡
　⬇ 步行5分
圓形競技場
　⬇ 巴士5分
PORTA NUOVA車站
──（Goal）──

這裡的遊逛方式

米蘭和威尼斯開來的火車抵達的PORTA NUOVA車站，位於城市南側，距離中心區較遠。車站到旅客服務中心所在的Bra廣場，由PORTA NUOVA路直行約20分鐘左右。主要的景點都集中在中心區，可以步行遊逛。此外，車站內設有行李寄放處，米蘭～威尼斯之間移動時正好可以順便前往一遊。

考古學博物館
Museo Archeologico
Ponte Pietra石橋
Ponte d. Pietra
大教堂
Duomo
羅馬劇場
Teatro Romano
Sant'Anastasia教堂
Chiesa di Sant' Anastasia
領主廣場
Piazza dei Signori
百草廣場 P107
公爵小酒館 P107
朗貝爾蒂塔
Torre dei Lamberti
茱麗葉故居 P107
史卡拉族陵寢
Arche Scaligere
史卡利傑羅橋
Ponte Scaligero
圓形競技場 P107
Bra廣場 P.za Bra
旅客服務中心 ℹ
老城堡 P107
大聖費爾摩教堂
S.Fermo Maggiore
茱麗葉之墓 P107

0　200m

南下便能來到NUOVA廣場。PORTA NUOVA車站就位於廣場的東北方

→中庭的茱麗葉像 ↓也展示有「羅密歐與茱麗葉」電影中的家具

茱麗葉故居
Casa di Giulietta MAP P106

沉醉在故事的情節裡

據說是『羅密歐與茱麗葉』裡女主角凱普萊特家女兒住過、建於13世紀的宅邸。原形的女性故居，內部可以觀賞到二人密會的陽台，和以故事為主題的繪畫作品。還有只要碰觸立於中庭的茱麗葉像胸口，就可以成就戀愛的傳說呢。

data 交 🚶步行5分 住Via Cappello 23 ☎(045)8034303 時8時30分～19時30分(週一為13時30分～)休無休 金€6(和茱麗葉之墓的共通券為€7)

圓形競技場
Arena MAP P106

原型留到今天的古代競技場

興建於西元1世紀的羅馬時代競技場。規模在義大利國內僅次於羅馬競技場，應該可以容納2萬5千人。舞台和座位都保持原狀，保存狀態良好，現在每年夏天都還會舉辦露天歌劇。

↑過去外牆曾砌以大理石，但毀於12世紀的地震中

data 交 🚶步行即到 住Piazza Bra ☎(045)8003204 時8時30分～18時30分(週一為13時30分～)休無休 金€6

茱麗葉之墓
Tomba di Giulietta MAP P106

紅色的大理石棺令人悲傷

現在作為濕壁畫美術館使用的修道院原址裡，傳說中的茱麗葉之墓大理石棺就安置在中庭的地下。過去石棺被放在修道院的田裡，詩人拜倫曾寫過，「質樸的茱麗葉空棺，就像她的戀愛故事一般地悲傷」。

據傳曾安放假死狀態的茱麗葉的石棺

data 交 🚶步行10分 住Via del Pontiere 35 ☎(045)8000361 時8時30分～19時30分(週一為13時30分～)休無休 金€4.50(和茱麗葉故居的共通券為€7)

↓位於羅密歐之家(內部不開放)一隅

百草廣場
Piazza delle Erbe MAP P106

聖母像守護的舊市區中心廣場

百草廣場起源自古羅馬時代的公共廣場，由於會有販售蔬菜等的市集，因而以Erbe（百草）命名。現在也有許多販售伴手禮和日用品的攤販，是市民休憩的場所。聖母噴泉和聖馬可的圓柱都不應錯過。

data 交 🚶步行5分

↓擁有6座塔樓的堅固城堡

老城堡
Castelvecchio MAP P106

14世紀建造的史卡拉家族城堡
史卡拉家族的Cangrande二世下令建造，於1355年完成的城堡。現在是展示14～18世紀美術作品的博物館，展出當地維洛那畫派為主的300件畫作和60件雕刻。

data 交 🚶步行5分 住Corso Castelvecchio 2 ☎(045)8062611 時8時30分～19時30分(週一為13時30分～)休無休 金€6

公爵小酒館
Osteria al Duca MAP P106

可以在羅密歐故居用餐！

使用羅密歐故居──蒙太奇家馬廄改裝的餐廳，提供維洛那的地方菜色。第一道主食和第二道主菜開始就可以逐一點菜的套餐€17～最受歡迎。葡萄酒杯裝€3～。

data 交 🚶步行10分 住Via Arche Scaligere 2 ☎(045)594474 時12時～14時30分、18時30分～22時30分 休週日

→維洛那著名的馬肉菜色務請一試

↓廣場的咖啡座
小憩 可以坐在面對

→手工圓粗義大利麵

➡禮拜堂一隅喬托繪製的濕壁畫

交通要衝而繁榮的自由文化都市

帕多瓦
Padova MAP 別冊P2B1

運河環繞下，羅馬時代至今的交通要衝。12～14世紀時成為自由都市，是威尼托地區的繁華中心都市。伽利略也曾執教的義大利第二古老的帕多瓦大學，成立於1222年。史格羅維尼禮拜堂內喬托的濕壁畫更是不容錯過。

Access 威尼斯的聖露西亞車站搭乘高速鐵路Le Frecce，約需30分可達帕多瓦車站STAZ.PADOVA。

旅客服務中心 帕多瓦車站內 住Piazzale Stazione Ferroviaria Padova 📞(049) 2010080 時9～19時（週日為10～16時）休無 MAP P108

這裡的遊逛方式

米蘭和威尼斯出發的火車會抵達的帕多瓦車站位於市區北側，車站到史格羅維尼禮拜堂步行約10分。穿過市區中心前往聖安東尼奧教堂步行約30分。整個城區3～4小時可以逛完，但別忘了事前預約史格羅維尼禮拜堂。

觀光

史格羅維尼禮拜堂
Cappella degli Scrovegni MAP P108

↞由市立隱士美術館進入

喬托最高傑作的濕壁畫

帕多瓦望族史格羅維尼家族的禮拜堂。覆蓋住堂內牆面的藍色令人印象深刻的濕壁畫，是在1303～05年之間，由正值壯年的喬托畫成。入口牆壁上是『最後的審判』，而文藝復興的先驅、極為著名的『猶大之吻』則位於右邊牆壁下層。

data 🚉帕多瓦車站步行5分 住Piazza Eremitani 8 📞(049) 2010020（預約）時9～19時（夏季為9～22時）休夏季的19時～為不定休 金€13（夏季的19時～為€8）※入場為預約制。預約後需以銀行匯款或以信用卡（限用VISA、Master、大來卡）付款

觀光

聖安東尼奧教堂
Basilica del Santo MAP P108

眾多信眾到訪的聖堂

聖安東尼奧昇天的第二年、1232年動工。建築樣式屬於羅曼、哥德式，屋頂有8座圓頂相連。主祭壇上是唐那太羅所做極美的十字架銅像，左側則有聖安東尼奧的墓。

此教堂是聖地，不可穿著短褲或，無袖裝進入參觀，請多注意

data 🚉帕多瓦車站步行30分 住Via Orto Botanico 11 📞(049) 8225652 時6時20分～18時45分（夏季至～19時45分、冬季的週六～19時45分）休無休 金免費

美食

Caffe Pedrocchi MAP P108

出現在《帕爾馬修道院》書中的咖啡廳

理性宮旁、1831年創立的老字號咖啡廳，藝術家和文人雅士聚會的氛圍至今猶存。

有薄荷味道的Caffe Pedrocchi為€2.50～、午餐為€15～20

data 🚉步行20分 住Via VIII Febbraio, 15 📞(049)8781231 時8～21時（週五六～23時、夏季的五六～24時）休無休

地圖標示：
- Hotel Grand Italia 旅客服務中心 帕多瓦車站STAZ.PADOVA 巴士總站
- 往威尼斯
- Pza Stazione
- Hotel Europa
- 史格羅維尼禮拜堂 P108
- 市立隱士美術館
- Pza Eremitani
- 艾雷米塔尼教堂 Ch. degli Eremitani
- Pza Insurrezione
- 水果廣場 Pza dei Frutti
- 百草廣場 Pza d'Erbe
- Pza Duomo
- Caffe Pedrocchi P108
- 理性宮(salone)
- 帕多瓦大學 Università di Padova
- 大教堂 Duomo
- 加塔梅拉塔騎馬像 Monumento al Gattamelata
- Hotel Donatello
- 聖安東尼奧教堂 P108
- Scuola del Santo
- 河谷草地廣場 Al Fagiano
- 聖喬治禮拜堂 Oratorio di S. Giorgio
- 遊客服務中心
- 植物園 Orto Botanico
- Prato della Valle
- 往法拉拉
- 往威尼斯
- 0　200m

後方的鑲嵌畫，是以金色背景將人物以形制表現出來

→教堂後方的鑲嵌畫

威尼斯出發
🚂{火車}2小時30分

珍貴的鑲嵌藝術開花結果的古都

拉溫那
Ravenna MAP P282

拉溫那面亞得里亞海，位於東西羅馬帝國的境界位置。402年起成為西羅馬帝國的首都，476年時歸入東哥德王國。540年時，被拜占庭（東羅馬）帝國攻陷，設置總督府，鑲嵌藝術就此開花結果。

Access 威尼斯的聖露西亞車站搭乘高速鐵路Le Frecce和普通車RV，經威隆那到達拉溫那車站STAZ. RAVENNA，約需3小時；經普拉查約2小時30分。

旅客服務中心 住Piazza Caduti per la libertà ☎(0544) 35755 營8時30分～18時（週日為10～16時）休無休 MAP P109

納利安諾受洗堂
Battistero Neoniano MAP P109

鑲嵌畫極美的 5世紀的建築

附屬於大教堂的八角形受洗堂。建於5世紀初期，5世紀中葉時鑲嵌畫完成。圓頂中央繪有耶穌受洗的圖樣，周圍則是十二門徒。

→城區最古老的建築之一

data 交人民廣場步行5分 住Piazza Duomo ☎(0544) 541688 營9時～19時（3·10月為9時30分～17時30分、11～2月為10～17時）休無休 費€9.50（共通券）

克拉塞聖阿波利奈爾大教堂
Basilica di S.Apollinare in Classe MAP P109

拉溫那的代表性拜占庭建築

位於城區中心向東南約5公里處，是建於549年的教會。三中殿架構的壯麗堂內，最著名的是後方圓頂的鑲嵌畫。

data 交站前廣場搭乘4路巴士約15分，CLASSE BASILICA巴士站下車步行即到 住Via Romea Sud 224 ☎(0544)473569 營8時30分～19時30分（週日為13時～）休無休 費€5〔
→後方圓頂的鑲嵌畫是興建當初的原狀

聖維托教堂
Basilica di S.Vitale MAP P109

絢爛豪華鑲嵌藝術的最高傑作

完成於進入拜占庭帝國治下的548年，八角形堂內的鑲嵌畫作極為美觀。後方的側壁面鑲嵌的查士丁尼大帝（左）和狄奧多拉皇后（右）的鑲嵌畫，是拜占庭藝術的傑作。同一塊占地後方的加拉普拉西迪亞陵墓，是以耶穌贖罪為主題的5世紀中葉建築。

data 交人民廣場步行7分 住Via Argentario 22 ☎(0544) 541688 ☎(0544) 219938（預約）營9～19時（3月為～17時30分、10月為～17時、11～2月為9時30分～17時）休無休 費€9.50（共通券）※加拉普拉西迪亞陵墓 MAP P109為，3月1日～6月15日，預約制。預約費€2。個人參觀時若無預約，只要有空出的名額即可入場。需€2

這裡的遊逛方式
拉溫那車站位於市區東側，由車站向西走約7分的人民廣場到其他的各景點，都在步行10分鐘的範圍內。到此地可以步行造訪隱藏在質樸外觀建築物內部的華麗鑲嵌藝術。

聖維托教堂 P109
加拉普拉西迪亞陵墓 P109
往威尼斯、費拉拉↑
Best Western Hotel Bisanzio Ravenna
國立博物館 Museo Nazionale
V.S. Vitale
Via Girolamo Rossi
Via Paolo Costa
Albergo Cappello
拉溫那車站 STAZ. RAVENNA
Hotel Centrale Byron
Via Diaz
人民廣場 P.za di. Popolo
聖阿波利納雷 新教堂
往里米尼
Ca' de Ven
旅客服務中心
但丁之墓
P.za Caduti
納利安諾 受洗堂 P109 大教堂 Duomo
大主教區博物館 Museo Archivescovile
聖安德烈教堂 Cappella di S.Andrea
克拉塞聖阿波利奈爾 大教堂 P109
0 200m

Outlet Guide

暢貨中心的大購物

一次要購買較多件商品時，以暢貨中心最適合。
喜歡名牌的人一定愛不釋手的品牌構成，低廉的價格更富魅力。
各暢貨中心裡都會設有咖啡廳和美食街，可以逛上一整天。

from 米蘭

Serravalle Designer Outlet

MAP 別冊P2A2

超過180個店面的大型暢貨中心。除了流行服飾的品牌之外，
也有運動用品和美妝的品牌店面。

交通 米蘭搭乘計程車前往約需1小時，車資€150左右。米蘭中央車站搭乘普通車在AUQUATA SCRIVIA車站下車（需時約1小時20分），費用1等€14.35、2等€9.60。車站搭乘計程車約20分，車資€15左右 地址Via della Moda 1, Serravalle Scrivia ☎ (0143) 609000 時間10～20時 休無 Access 備遊覽車

FoxTown

MAP 別冊P2A1

位於瑞士，共有160個店面的暢貨中心。除了有義大利的名
牌Ferragamo、Etro、Gucci之外，歐洲各大名牌種類多元。另設有餐廳和伴手禮店。

交通 米蘭中心區車程約1小時15分 地址Via A. Maspoli 18 Mendrisio, Switzerland ☎ (瑞士41) 848828888 時間11～19時 休無休 ※需護照 Access 備遊覽車

The Place

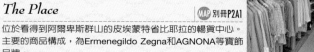

MAP 別冊P2A1

位於看得到阿爾卑斯群山的皮埃蒙特省比耶拉的暢貨中心。
主要的商品構成，為Ermenegildo Zegna和AGNONA等寶飾品牌。

交通 米蘭中央車站出發，在諾瓦拉Novara車站轉乘，Biella San Paolo車站下車，需時約1小時40分，費用為€9.30，車站搭乘計程車約€12左右 地址Via Cesare Battisti 99, Strada Trossi, Sandigliano ☎(015)2496199 時間10～19時(週一為15時～) 休無休

Vicolungo Outlet

MAP 別冊P2A1

位於米蘭之西、諾瓦拉Novara的大型暢貨中心。主要以休閒品牌為主，以及美妝品和家庭用品等，共有超過150家的店面。週末會舉辦活動。

交通 米蘭中央車站到諾瓦拉Novara車站約40分，費用1等€8.30、2等€5.50。車站搭乘計程車約15分，車資€25左右 地址Piazza Santa Caterina, Vicolungo ☎ (03) 21835032 時間10～20時 休無 ※ZANI VIAGGI ☎ (02) 867131，1天1班接駁巴士

from 威尼斯

Veneto Designer Outlet

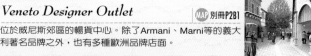

MAP 別冊P2B1

位於威尼斯郊區的暢貨中心。除了Armani、Marni等的義大利著名品牌之外，也有多種歐洲品牌店面。

交通 威尼斯聖露西亞車站，或Mestre車站搭乘火車到San Dona' di Piave車站約40分、€4.75，車站搭乘計程車約10分 地址Via Marco Polo1, Noventa di Piave ☎(0421) 5741 時間10～20時 休無休

暢貨中心購物的小知識

該如何前往？

大部分的暢貨中心都位於郊區，交通並不十分方便。自行前往會很麻煩，因此可以利用旅行社舉辦的當地自遊行程或接駁巴士。這些都需預約，請注意。

可以退貨嗎？

購買的商品基本上不能退貨。衣服和鞋子在購買之前一定要試穿，確認是否適合自己。另外，也需要仔細檢查商品有沒有瑕疵。

如何辦理免稅手續？

在同一家店購買超過€154.94的金額時，只要辦理規定的手續就可以免稅。請店家準備好必要的文件。Global Blue櫃台等有代辦文件的服務。手續的詳情參考P123。

到底便宜了多少？

不同的暢貨中心會有差異，但大概都以市價的3成～7成價格販售。夏冬的特賣期間會再有折扣，價格更形優惠。但是此時的貨品種類較少。

當地導覽行程

可以高效率地遊逛♪

當地的自選行程可以幫助停留日數較少的旅客節省時間、
減少麻煩，以高效率來遊逛各大景點。
從市內觀光到郊外巡遊都有，選擇十分多樣。

from 米蘭

行程名稱	行程	費用/日期	行程內容	用餐	成行人數最低
搭乘Italo前往！搭乘紅色超級特快車Italo出發翡冷翠＋比薩當天來回行程	6:27 米蘭Garibaldi車站出發－（搭乘Italo）－8:25 抵達翡冷翠 Adua廣場集合、9:00出發市內觀光（約3小時、大教堂和維朗宮進入參觀）－12:00 自由活動（約1小時45分）－13:45 Adua廣場集合、14:00 翡冷翠出發（巴士）－15:30 抵比薩、奇蹟廣場觀光（約1小時、斜塔進入參觀）－自由活動（約30分）－17:15 比薩出發（巴士）－21:25 翡冷翠出發－（搭乘Italo）－23:18 抵達米蘭Garibaldi車站	每日（主要的假日除外）成人€220 兒童€180	搭乘紅色超級特快車Italo的2等車指定座前往翡冷翠，市內觀光之後搭乘巴士造訪比薩。2城市的觀光附有日語導覽。米蘭－翡冷翠之間的火車移動沒有導覽。	無	2
搭乘Italo前往！搭乘義利紅色高鐵前往羅馬＋敞逢巴士1日券當天來回行程	7:03 米蘭Garibaldi車站出發－（搭乘Italo）－10:15 抵達羅馬特米尼中央車站－CITYSIGHTSEEING公司敞逢巴士自行觀光羅馬－18:40羅馬（特米尼中央車站）出發－（搭乘Italo）－21:54（週六為20:50)抵達米蘭Garibaldi車站	每日成人€150 兒童€134	搭乘最受歡迎的特快車Italo前往羅馬。使用敞逢巴士的一日券暢快遊逛羅馬市內。	無	1
科摩湖半日觀光	8:45 Starhotels Echo集合－9:00出發－10:00 抵達科摩－科摩湖遊覽（約40分）Villa Olmo庭園（乘船－科摩湖畔自由行動，約45分）－13:00抵達Starhotels Echo前 解散	4～10月的週五六1～6人1輛€780	前往貴族和藝術家們喜愛的別墅地科摩湖。搭乘湖上遊船欣賞美麗的湖畔風景。	無	1～6人

from 威尼斯

行程名稱	集合地點	所需發時間間	日期	費用	行程內容	用餐	成行人數最低
威尼斯市內半日觀光（步行）	總督宮出口	10:45出發（冬季為13:30出發）約2小時	每日（4/5、12/25、1/1除外）	成人€50 兒童€35	遊歷聖馬可大教堂、總督宮等地。避免穿著無袖裝、短褲，選擇好走的鞋子參加。	無	2
貢多拉小夜曲（附晚餐）	Giglio貢多拉乘船處	17:30出發（冬季為16:30出發）35分＋晚餐	每日（天氣惡劣時、11/21、12/25除外）	成人€110 兒童€77	搭乘貢多拉漫遊運河約30分，再到餐廳享用海鮮晚餐。也有不附晚餐的行程（成人€75、兒童€52)	晚餐	2

※2015年2月時的行程內容和費用。My Bus中心推出的行程皆為全日語導覽。
◎時間、費用、日期上，可能有季節性的變動，報名時請先行確認。
◎兒童費用的適用對象基本為2～11歲，但可能因行程而有所不同，請事先進行確認。

詢問處
My Bus Italy公司　📞(06)4825560、預約專用義大利國內的免付費電話 📞(800)814672　🏠Via V.E. Orlando 73（羅馬）　🕘9～18時　🈂無休

旅遊 資訊

義大利入出境流程

在確定要旅行時，就要立刻確認重要的資訊！在萬全的準備下前往機場。

義大利入境

❶ 抵達 Arrivo

由入境下機門按照標示牌前往入境審查處。香港飛往義大利的直飛航線，在2015年8月時，有往羅馬和米蘭的班次。經由其他申根公約簽約國機場轉機時，則在該機場進行入境審查。

❷ 入境審查 Controllo Passaporti

前往歐盟國外旅客（NON EU NATIONAL）櫃台排隊。向入境審查官提示護照，審查只是確認照片是否相符，偶爾會詢問旅行目的；也幾乎完全不會進行檢疫檢查。

❸ 行李領取處 A Ritiro Bagagli

前往顯示搭乘飛機班號的轉盤領取行李。若行李遲未出現或是有損毀的情況發生時，應出示報到時領取的行李托運存根（Claim Tag），請機場人員協助。一般而言存根都會貼在機票背面。

❹ 海關 Dogana

幾乎不會檢查行李。帶進義大利國內，含外幣在內的貨幣有所限制，超過€1萬時需申報。

❺ 入境大廳 Piano Arrivo

設有旅客服務中心和外幣兌換處。往市內的交通參考P114。

旅行確定後的準備

●確定義大利的入境條件

護照的有效期間和簽證部分參考下述部分。由其他申根公約國入境時不需境審查。

●何謂申根公約

部分歐洲國家取消相互之間邊境檢查的公約。申根公約國之間的出入境都已經自由化。從台灣等非申根公約國入境時，只需在最初抵達的申根公約國辦理入境手續，出境則需在最後出境的申根公約國辦理出境手續。
2015年1月時的公約國有：**義大利、希臘、德國、奧地利、比利時、西班牙、法國、瑞士、盧森堡、荷蘭、葡萄牙、丹麥、冰島、挪威、瑞典、芬蘭、愛沙尼亞、拉脫維亞、立陶宛、波蘭、斯洛伐克、匈牙利、斯洛維尼亞、捷克、馬爾他、列支敦斯登等26國。**

義大利入境時的限制

●主要的免稅範圍

○酒類…22度以上的酒類1公升或22度以下的酒類2公升；無發泡性葡萄酒4公升、啤酒16公升（17歲以上）

○香菸…捲菸200支或細雪茄（1支3g以下）100支，或雪茄50支或菸絲250g（17歲以上）

○伴手禮…€430（經空路入境者；未滿15歲者€150）

○貨幣…攜入或攜出含外幣在內超過€1萬的現金等必須申報

出國時的注意事項

義大利的入境條件

出發的10日～1個月之前確認

●護照的有效期限

離開申根公約國時必須超過90日。

●簽證

在180天內從事不超過90天的觀光目的居留時，不需簽證。

※未成年者（未滿18歲）獨自前往時，最好攜帶英文的同意書

出發前往機場

●機場的出境航廈

台灣出發需前往香港轉機，台灣飛航香港的班機，華航、國泰航空和港龍航空在第一航廈，而長榮航空和香港航空則使用第二航廈。

●攜帶液體類登機的限制

旅客身上或隨身行李內攜帶的液體、膠狀及噴霧類物品的容器，體積在未超過100ml，且裝於不超過1公升而且可以重複密封的透明塑膠袋內，即可帶入機內。詳情參考交通部民用航空局
📖http://www.caa.gov.tw/big5/index.asp

小小資訊 申請護照需洽外交部領事事務局 📖http://www.boca.gov.tw/mp.asp
機內攜帶物品的詳情請參考交通部民用航空局 📖http://www.caa.gov.tw/big5/index.asp

義大利出境

❶ 報到　Check-in

出發的2小時前應到達機場。依照顯示板前往回國班機的報告櫃台,出示機票或是電子機票的單據。托運行李,拿到行李托運存根。

> 要將免稅品帶上飛機時,需在報到時提出要求,蓋上海關印(→P123)

❷ X光檢查　Controllo di Sicurezza

鞋子和外套需脫掉,手錶和貴金屬類等通過檢查門時會有反應的物品,需先行脫下來放入托盤中。電腦需從袋中取出,同樣放進托盤。

❸ 出境審查　Controllo Passaporti

向審查官出示護照,確認是本人無誤後即可完成手續。

❹ 海關　Dogana

攜帶超過€1萬的各國貨幣出境時需要申報。免稅如果放在手提行李內,切勿忘記加蓋海關印。海關在出境審前之前也有。

> 要將免稅品帶進機內時需在海關辦理手續(→P123)

Global Blue
TAX FREE

IVC退稅櫃台的標記就是這個圖形(Global Blue公司)

其他出入境方式

火車

連結歐洲各國的鐵路網非常發達,也有可能搭乘國際列車進入義大利。火車是周遊各國的利器,可以活用火車通行證等各種方便的鐵路周遊票券。

船

亞得里亞海沿岸城市布林迪西和安科納等地,都有開航希臘和克羅埃西亞等國的定期船班。此外,威尼斯也有國際航線的船班出入。

長程巴士

行駛歐洲各國的國際長程巴士Eurolines,有從法國、奧地利、德國等國,直達米蘭和威尼斯等義大利主要都市的車班。巴黎〜米蘭需時13小時,布達佩斯〜威尼斯需時12小時。也有可以無限搭乘的Eurolines Pass。

汽車(租賃車)

由鄰國法國、瑞士、奧地利等,可以租車入境義大利。入境審查並不嚴格,只需出示護照即可。行李也不會檢查。

回國時的限制

主要的免稅範圍

- ●酒類…1公升(年滿20歲)
- ●菸類…捲菸200支或菸絲1磅或雪茄25支(年滿20歲)
- ●其他…攜帶貨樣的完稅價格在低於新台幣12,000元
- ●貨幣…新台幣10萬元以內;外幣等值於1萬美元以下;人民幣2萬元以下。超過需向海關申報

主要的禁止進口與限制進口物品

- ●禁止進口物品…毒品、槍砲類、猥褻物、仿冒名牌。
- ●禁止攜帶物品…華盛頓公約管制的動植物和其產製品(象牙、蘭花、鱷魚皮、蛇皮等)。新鮮果實、活昆蟲及有害生物、土壤及附著土壤的植物。

入境旅客攜帶管制或限制輸入之行李物品,或超出免稅範圍者,應填寫「中華民國海關申報單」向海關申報。

機場～市內的交通

米蘭和威尼斯的機場前往市內的交通方式，各有巴士、計程車、火車等。

米蘭馬爾彭薩機場內

【米蘭】

米蘭馬爾彭薩機場 Aeroporto di Milano Malpensa MAP 別冊P6A1

位於米蘭中心區西北方約50公里處的機場，擁有第1航廈（A衛星樓/B衛星樓）和第2航廈，航廈之間有免費的接駁巴士運行。香港的國泰航空班機，和日本的航班都停靠第1航廈。樓層有3層，抵達為1樓（PianoTerra），報到為3樓（Piano+2°）。

交通速見表

所需時間為參考值。
視道路狀況而異。

交通工具		特徵	運行時間/所需時間	車資（單程）
	直達列車	Malpensa Express有第1航廈通往米蘭北站（地鐵CADORNA站）以及米蘭中央車站等2條路線。售票窗口和車站，直通第1航廈的2樓（Piano+1°）。	米蘭北站（5時26分～25時30分），需時36分；米蘭中央車站（5時43分～24時26分），需時52分	€12
	計程車	第1航廈的5號出口或6號出口前標示有「TAXI」字樣招牌的即為搭乘處。	需時約40～50分	€90 ※ 含機場使用費、大件行李等的加成費用
	機場巴士	有機場開往米蘭中央車站的機場巴士。售票處設於1樓入境大廳。搭乘處則位在第1航廈的6號出口附近。	5時～24時15分的深夜與清晨之外，每20分一班。需時約50分	因營運公司而異，約單程€10、往返€16

機場介紹圖

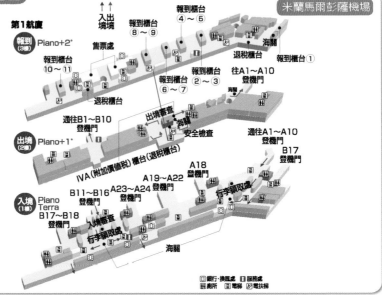

小小
資訊
部分航空公司會要求旅客在搭機72小時之前，進行訂位的再確認Reconfirmation。最近幾乎都不必再確認了，但訂位時還是確認一下。

各機場發抵的米蘭中央車站巴士站牌

米蘭

林納特機場 Aeroporto Linate　 別冊P7D3

為於市中心東方約10公里處。停靠巴黎等地飛來的國際線,與羅馬等地飛來的國內線。前往市內需搭乘計程車、機場巴士或路線巴士。計程車需時約15分,參考車資為€15～20。機場巴士開往米蘭中央車站,7時45分～22時45分之間,30分～1小時一班,需時30分、車資€5。路線巴士的73路在6時～25時7分之間,約每10分一班,抵達聖巴貝拉廣場,車資€1.50。

入境大廳除了兌換處之外,還有售票處和咖啡廳等

威尼斯

馬可波羅機場 Aeroporto Marco Polo　P91

正式名稱為威尼斯泰塞拉機場Aeroporto di Venezia-Tessera,為了紀念威尼斯人馬可波羅,因而稱呼為馬可波羅機場。機場位於本島北方約7公里處,是威尼斯的空中門戶,有羅馬和米蘭等地來的國內線,以及歐洲主要都市飛來的航班。

交通速見表

交通工具	特徵	運行時間/所需時間	車資(單程)
機場巴士	5路巴士駛往聖露西亞車站附近的羅馬廣場。飯店距離聖露西亞車站較遠時,需轉乘水上巴士或水上計程車前往。	4時8分～25時18分,除了清晨和深夜之外,每15分一班。需時約20分。	€6
水上巴士	A線、B線都行駛到聖馬可廣場。由於航班少,應提早出發以免趕不上。	6時30分～24時15分之間,每30分～1小時一班。需時約1小時20分	單程€15
水上計程車	出了入境大廳後向左前進就會看到乘船處。費用高昂,但是有水都特有的觀光氛圍。較晚抵達時可以利用。	需時約30分	€120～

馬可波羅機場

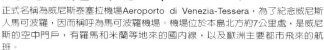

2樓 出境

出境審查

報到櫃台
安全檢查
報到櫃台
報到櫃台
免稅手續海關

1樓 入境

行李提領處　行李提領處
遺失物受理處
計程車

← 出境
← 入境
🛈 服務台
🅱 銀行·換匯處

往水上計程車、巴士站 →

義大利的國內交通

南北狹長的長筒靴模樣的義大利，移動方式以火車最為方便，其他還有飛機和巴士、租賃車等方式。應事先查好預算和所需時間，能夠順利地移動。

鐵路 Treno

義大利最多人使用的國內移動方式為鐵路。義大利國家鐵路Ferrovie dello Stato（簡稱FS、通稱Trenitalia）的路線涵蓋全義大利，可以依照預算來選擇車種及座位。

火車站內常有扒竊行李發生，需留意

火車的種類

●Le Frecce
行駛義大利國內主要都市的高速列車，全車指定座，分為以下3種座位。車資為變動制。

· Frecciarossa（FR）
最高時速300公里的高速列車。方便在羅馬－米蘭、羅馬－翡冷翠、羅馬－拿坡里等主要城市之間的移動。

· Frecciargento（FA）
速度次於Frecciarossa的高速列車。以羅馬為中心，通往南部、北部的主要都市。

· Frecciabianca（FB）
米蘭－威尼斯之間，以及杜林、熱那亞、巴里等郊區城市的特快車。

●城際列車Intercity（IC）
行駛義大利各地的國內長程特快車。車資包含了特快車資在內，需劃位。座位分為1等、2等二種，有夜間班次。

●普通車
分為快速區間車Regionale Veloce（RV）和各站停車的Regionale（R），不需劃位。

●其他
另有行駛西歐主要都市的Eurocity（EC）等的國際列車。

部分自動售票機只能使用信用卡購買

購買車票

自動售票機的使用方式請參考下述。部分車站的售票窗口，會因為車票種類不同而位在不同的地方。國內列車的標示為「BIGLIETTI ORDINARI」，國際列車則為「BIGLIETTI INTERNAZIONARI」，而預約劃位則為「PRENOTAZIONI」。

車票的種類

基本的一般車資加上1等、2等、單程、往返車資，再加上特快費、臥鋪費等費用。預約座位需支付座位指定費（Le Frecce已內含指定費）。車票大部分為乘車券、特快券、預約券合而為一的車票。

主要都市間的車資

出發地	目的地	所需時間	車資(1等)	車資(2等)
米蘭	威尼斯	約2小時35分	€51.50	€37.50
米蘭	貝加莫	約50分	€8	€5.30
威尼斯	維洛那	約1小時10分	€34.50	€23
威尼斯	拉溫那	約2小時30分	€32.90	€25.90
威尼斯	帕多瓦	30分	€20	€15

※米蘭～威尼斯、威尼斯～維洛那、威尼斯～帕多瓦均為搭乘Le Frecce。威尼斯～拉溫那則搭乘Le Frecce和R。車資會因時期變動。本資訊為2015年2月時的資料。

①選擇語言

機器為觸控式，有義大利語和英語等6種語言可供選擇。以下為英語版的畫面。

②選擇購買車票

畫面轉換之後，選擇販售車票意思的「TICKET ISSUE」項目。

③選擇目的地

選擇目的地車站。沒有標示時應選擇「OTHER DESTINATION」，輸入站名。

④選擇日期

選擇出發的日期。上起為「TODAY」「TOMORROW」「OTHER DATE」。

小小資訊 如欲周遊義大利國內，購買Eurail Italy Pass較為划算。車票有效的國鐵和部分私鐵可任意搭乘。需在出國前事先購買。詳情請參考Rail Europe※http://www.raileurope.com.tw

乘車與車內的注意事項

●切車票的打印

車站沒有剪票口，但有打印機。大部分車站的打印機都設在月台入口處，乘車前務必將車票打印。一旦忘了打印，會被視為不當乘車遭到罰款。將車票插入打印機最裡面，聽到聲音就拔出來，確認是否打印。

●確認最新資訊

到了車站後，先在告示板上確認開車時刻有沒有變更。火車不一定會按照時刻表行車，而且常會變換月台。基本上站內沒有播音，因此務必確認告示板。

●確認車廂與座位

搭乘指定座位的列車時，應確認車票上標示的車廂號碼，再確認車廂側面找到相同號碼搭乘即可。如果是不劃位座位的列車，則應確認1等或2等，配合車票搭乘。

●準備飲食

部分列車沒有餐車和車內販售，需要長時間乘車時，應先備妥簡便食物和飲料。只要是主要車站，站內一定會有小餐廳和超市、KIOSK和自動販賣機，可以買到三明治等和披薩等食物。

●行李的管理

大多數的長程列車設有行李放置處，有行李箱等大件行李時可以利用，但貴重物品需帶到座位上。車站沒有剪票口，非乘客也可以自由進出車廂。貴重物品的管理務必確實。

●車內禁煙！

由於施行了「禁煙法」，義大利國內的火車全面禁煙。違規時將處以€27.20～€275的罰款。想吸煙時，應到設於月台上的吸煙區。此外，停車站等資訊在車內幾乎完全聽不到，需注意。

其他的交通工具

高速列車 Italo

民間企業NTV公司營運的高速列車。行駛米蘭的Porta Garibaldi車站、羅馬的Tiburtina車站（部分為特米尼車站）、拿坡里中央車站等。米蘭～拿坡里的所需時間為4小時40分，車資為普通艙等單程€38～92（便宜的車票座位有限），全車指定座。此列車不適用歐洲火車通行證。

飛機 Aereo

利用頻率不高，但要前往西西里島等南部離島時就方便多了。有義大利航空和Air One航空等運行義大利國內線。機票可以在網路上購買，但如果在當地，則在機場或旅行社購買。

巴士 Autobus

想要節約交通費用的首選，可以悠閒地欣賞車窗外的風景；部分地區的巴士班次會比火車多。行車時間和車資可以在旅客服務中心確認，車票可在巴士站附近的KIOSK或車內購買。

租賃車 Autonoleggio

義大利是靠右行車，和台灣相同。在遊逛小城市時很方便，但駕駛還是委由習慣在國外開車的人較佳。租車時需交付國際駕照、護照、國內駕照和信用卡。租車時不能用現金付款，請注意。租車的年齡，以21歲以上為原則。

---

⑤選擇列車與時間

出發時間和列車的種類會出現一覽標示。確認出發時間後選擇想搭乘的列車。

⑥確認內容

會出現在主畫面上選擇的車票資訊。確認無誤後按畫面右下角的「YES」。

⑦選擇座位

會出現座位種類的標示。「BASE」是標準票價的車票。

⑧輸入座位數

碰觸「＋」「－」的符號來選擇車票數量。畫面上出現金額後付款。

旅遊常識

事先了解通貨、氣候和通訊環境等的當地資訊。
此外，禮儀和習慣等和國內有差異的地方也多。

貨幣

使用EU的統一貨幣歐元（€）。輔助單位為歐分（¢），€1=100¢。紙鈔有7種，鈔面設計所有EU加盟國都相同。畫的是虛構的建築，正面有窗和門，背面則是橋，象徵的是歐洲的歷史和建築樣式。硬幣有8種，正面的圖案全EU加盟國共通，但背面的

設計每國不同。義大利的€2是拉斐爾的但丁肖像、€1則是達文西的人體比例圖等，每個都不一樣。現金之外還可以使用信用卡、國際現金卡等，就按照自己的習慣使用吧。

€1≒約35.85元　（2015年8月時）

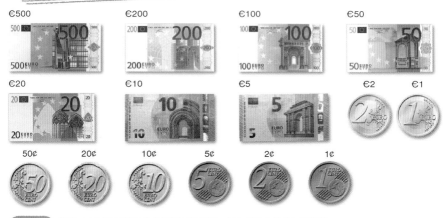

€500　€200　€100　€50

€20　€10　€5　€2　€1

50¢　20¢　10¢　5¢　2¢　1¢

兌換

機場、市區的外幣兌換處等地可以兌換，但在國內兌換的匯率較好，因此出國之前最好先準備好需要的金額。

機場	兌換處	飯店	ATM	其他
現金兌換	**注意匯率和手續費**	**方便但較貴**	**24小時使用**	**銀行匯率佳**
入境樓層設有兌換處，但匯率不太好，因此建議只兌換近期要用的金額。	多設在觀光客多的地方。匯率因店而異，而且可能會收取高額手續費，需注意。	飯店櫃台可以兌換，但匯率和手續費都高，並不建議利用。	在市區到處都設有ATM，通常24小時都可以使用。	銀行和郵局也可以兌換，一般而言銀行的匯率較佳。郵局已經民營化，匯率不見得有利。

♪ 信用卡&ATM

信用卡在大部分的餐廳和百貨公司都能夠使用，部分飯店會要求信用卡過卡收取Deposit，還是需要準備1張備用。有預借現金功能的信用卡，則可以提領出自己需要金額的歐元（手續費視信用卡公司而異）。

ATM好用單字集

- 密碼…PIN/ID CODE/SECRET CODE/PERSONAL NUMBER
- 確認…ENTER/OK/CORRECT/YES
- 取消…CANCEL
- 交易…TRANSACTION
- 提領現金…WITHDRAWAL/GET CASH
- 全額…AMOUNT
- 預借現金…CASH ADVANCE

小小資訊 2013年時€5紙鈔、2014年9月時€10紙鈔做了設計變更。預定今後陸續變更其他紙鈔設計。

旅遊季節

主要的節日

- `1月1日` … 元旦
- `1月6日` … 主顯節
- `4月4·5日` … 復活節※
- `4月6日` … 復活節的下週一※
- `4月25日` … 義大利解放日
- `4月25日` … 聖馬可節（威尼斯）
- `5月1日` … 勞動節
- `6月2日` … 國慶日
- `8月15日` … 八月節
- `11月1日` … 萬聖節
- `12月7日` … 守護神節（米蘭）
- `12月8日` … 聖母受胎節
- `12月25日` … 聖誕節
- `12月26日` … 聖史特法諾日

主要活動

- `2～3月左右` … 嘉年華（威尼斯）※
- `4月` … 米蘭馬拉松（米蘭）※
- `6月中旬～9月上旬` … 圓形競技場戶外歌劇（維洛那）※
- `7月第3週六` … 救世主節（威尼斯）※
- `8～9月上旬` … 威尼斯影展（威尼斯）※
- `9月` … 義甲開幕（也可能在8月底開幕）
- `9月第1週六` … 傳統划船比賽節（威尼斯）
- `11月下旬` … 歌劇演出季開幕（威尼斯）※
- `12月上旬` … 歌劇演出季開幕（米蘭）※

※符號的節慶和活動日每年不同
（本書為2015年實例）

威尼斯嘉年華

 氣候與建議

春
`3～5月`
早晚都會冷，需準備足夠的衣服。尤其是3月，白天最多只能到攝氏12～13度。

夏
`6～9月`
比台灣涼爽，大概都是晴朗的好天氣，但最好要攜帶薄的長袖衣服。

秋
`10～11月`
9～10月需要薄的毛衣，11月之後需要穿著厚外套。冬季的降雨量較多。

冬
`12～2月`
早晚的溫度大都在零下，除了外套、圍巾之外，也需要手套、靴子等來保暖。

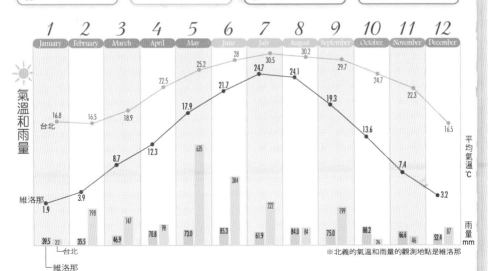

	1 January	2 February	3 March	4 April	5 May	6 June	7 July	8 August	9 September	10 October	11 November	12 December
台北 氣溫	16.8	16.5	18.9	22.5	25.2	28	30.5	30.2	29.7	24.7	22.3	16.5
維洛那 氣溫	1.9	3.9	8.7	12.3	17.9	21.7	24.7	24.1	19.3	13.6	7.4	3.2
台北 雨量	39.5	35.5	46.9	70.8	73.0	85.3	61.9	84.0	75.0	88.2	66.6	52.4
維洛那 雨量	22	198	147	98	635	384	222	84	199	26	46	87

氣溫和雨量

平均氣溫 ℃

雨量 mm

└台北
└維洛那

※北義的氣溫和雨量的觀測地點是維洛那

撥打電話

- 自己的行動電話撥打時…會因為機種以及電信公司的資費不同，出國之前應先確認。
- 飯店客房裡撥打時…不同飯店可能有差異，大都是先撥外線號碼，再撥打對方的電話號碼。部分飯店會收取手續費。
- 公共電話撥打時…公共電話數量減少了，以卡式電話居多。相當於國內電話卡的 Carta Telefonica，可以在香菸攤或郵局買到。打國際電話時則以優惠的國際電話卡較划算。

- **義大利→台灣**
  00（義大利的國際電話識別號碼）-886（台灣的國碼）-對方的電話號碼（區域號碼最前面的0要去掉）

- **台灣→義大利**
  電信公司的識別碼（※1）-39（義大利的國碼）-對方的電話號碼（最前面的0開始撥）
  ※1　各電信公司皆不同，請洽詢自己的電信業者。

- **市內通話**
  義大利撥打國內電話時，需連同區域號碼－米蘭為02、威尼斯為041一起撥打。

網路使用

市區內

公共設施和廣場等地可以連接的Wi-Fi熱點逐漸在增加。快餐店和咖啡廳等的連接，收費免費或有無密碼等都因店而異。不需要密碼的免費Wi-Fi病毒感染的可能性不低，需特別注意。此外，市區內操作智慧型手機或平板電腦時容易被扒手盯上，應充分注意。

飯店內

客房裡的Wi-Fi等，大部分飯店採用的都是按照時間計算的收費制，費用和時間在提出利用申請時請加以確認。免費的Wi-Fi也會需要密碼，只要問「What is the password for the wi-fi?」就能夠溝通。

郵件、小包寄送

郵件

限時郵件posta prioritaria是義大利郵政的基本服務。郵票在郵局或香菸攤購買。寄到外國的信件只提供航空郵件，收件地址後方加上「TAIWAN」並劃上紅色底線，另外加上AIR MAIL字樣可以放心一些。包裹如果沒包好時，郵局可能會拒絕收件。趕時間時就直接索取EMS國際快捷專用表格，填好後寄出。大小務必控制在盒子的3邊合計225公分以內。

義大利寄信到台灣的參考

內容	期間	費用
普通郵件	約7日	20g內€2.30 50g之內€4 100g之內€5
小包	EMS約7日 航空約10日 海運約3個月	1kg之內€28～ 20kg之內€87～

其他的基本資訊

●飲用水

義大利的自來水可以生飲，但觀光客還是以購買市售的礦泉水Acqua Minerale為宜。分為加了氣泡的Gassata和無氣泡的NonGassata/Naturale二種，購買時別忘了確認。購買時不同的店會有差價，約為500ml寶特瓶€1左右。

●電壓和插頭

電壓為220V（少數125V），周波數為50Hz，和台灣不同。插座一般是2個圓孔或3個圓孔直排，應準備Type-C的插頭。

Type-C

●吸菸區

2005年時全義大利實施了「禁菸法」，餐飲、美術館、電影院、博物館、機場、車站等地，除了設有吸菸區的場所之外，所有的室內和公共設施裡都禁止吸菸，違法時會處以罰款，應注意。

●廁所

幾乎沒有公共廁所，即使有也不夠乾淨，需要時應利用市區內的小酒館或咖啡廳的廁所。用完後禮貌上應當場消費飲料等，但沒有時間時買礦泉水等飲料外帶也可以。部分店家會對廁所上鎖，因此應先告知店員。美術館、博物館的廁所也值得利用。

●營業時間

義大利的一般性營業時間，會因為店家而有差異。

餐廳	營12～15時，19時30分～23時　休週日或週一
酒吧・咖啡廳	營7時～深夜　休週日
商店	營10時～19時30分（部分店家有午休）　休週日
百貨公司	營9～22時　休無休
美術館・博物館	營9～19時　休週一
銀行	營8時30分～13時，15～16時　休週六日

●尺寸、度量衡

女裝
服飾

台灣	7	9	11	13	15
義大利	38	40	42	44	46

鞋

台灣	22.5	23	23.5	24	24.5	25
義大利	35	36	37	38	39	40

男裝
服飾

台灣	S	M	L
義大利	44～46	48～50	52～54

鞋

台灣	24.5	25	25.5	26	26.5
義大利	39	40	41	42	43

※以上的尺寸僅供參考，會因製造廠商而有所不同，請留意。

●義大利的物價

礦泉水
（500ml）
€1～

麥當勞的
漢堡
€0.90～

小酒館的咖啡
€0.80～

啤酒
（玻璃杯1杯）
€3～

計程車起跳價
€3～3.30

小小資訊 觀光區偶爾看得到收費的公共廁所。
將金額投入機械後就會自動開門讓人進入的系統。

●觀光

●參觀美術館、博物館的訣竅

出發前在國內先以網路或電話預約，屆時就可以不排隊直接參觀。此外，許多美術館禁止攜帶大件行李（背包等）進入，此時會寄放在寄物處，因此應備有可以放貴重物品的小包包。

●參觀教堂時

教堂雖是觀光的重點，但本身卻是彌撒和冠婚喪祭等儀式的嚴肅場所。穿著無袖裝、迷你裙、短褲等暴露大片皮膚的服裝是禁止進入的。週日早晚的彌撒期間不要前往參觀。

●拍攝照片

許多美術館和博物館內都禁止攝影，部分可以拍照的地方也都禁止使用閃光燈和三腳架。應遵守不用手碰觸作品等禮儀來欣賞。

●美食

●餐廳的種類

・Ristorante…就是正式的餐廳，一般多為有豪華裝潢的高級餐廳。
・Trattoria…小餐館，大都有家庭的氛圍。可以吃到地方菜色。
・Osteria…過去的食宿旅店，現在則和Trattoria的氛圍相似。
・Pizzeria…披薩店。可以吃到石窯烤出的正宗披薩。
・Enoteca…葡萄酒吧。原先是在葡萄酒店的一隅，提供杯裝酒和小菜的形式。也有不少店家會提供正統的菜色。
・Bar…不是國內或美國的酒吧，而是能夠提供咖啡&飲料以及簡餐的店。會從清晨一直營業到晚上。
・Caffè…比Bar高級，可以在店內或露天座位就座後悠閒地休憩。
・Gelateria…義式冰淇淋的專門店，大部分店家不會設置飲食區。

●營業時間

Ristorante和Trattoria以午餐12時30分～15時，晚餐19時30分～23時左右最常見。Bar從早上7時營業到晚上，午餐有套餐、晚餐則有特惠時間Happy Hour等，不同時段會提供多元的服務。

●預約訂位

只限預約客進入的店並不多，但高人氣的店卻極有可能訂位客滿。尤其是週末的晚餐，最好先行訂位會比較放心。想看看氛圍和菜單再決定時，則以19時～20時之間前往，出現空位的可能性會比較高。

●點菜的方法

全餐的順序是前菜→第一盤主食→第二道主餐＋配菜→甜點。但是，連義大利人點用全餐的人都不多，通常都是自由地組合前菜→主餐→咖啡等。此外，只要進餐廳就一定會提供的麵包是包含在座位費內的，沒有食用也一樣要收費。

●小費

付款時要確認帳單，如果已經包含服務費，基本上就不需要給小費。感覺到享受了愉快的晚餐時，就放個€2～5左右。沒有服務費的餐廳，則小費的參考值是餐費的10～15%。小費不要直接給，而是要放在找零的小盤子裡。但是，義大利的餐廳絕大部分會加收服務費。

●服裝

基本上不會因為服裝而被拒絕進入，但穿著正式一些更容易體會到高級餐廳的氛圍。男性穿著西裝外套，女性穿著正式些的洋裝等的時尚休閒風格就沒有問題。餐桌禮儀的基本，是不讓周圍的客人感到不愉快；這一點不需要想得太正式，能夠開心用餐最為重要。情侶入內時需讓女性優先，用餐時飲酒過量就NG。

小小資訊　進餐廳後，邊打招呼邊入座是歐洲的一般禮儀。義大利文的早安、你好是Buon Giorno，再見是Arrivederci，謝謝要說成Grazie。

●購物

●營業時間

一般多為10時～19時30分左右，部分店家會在中午休息1～2小時的午休。週日、假日基本上都休息，但都會區週日營業的店家愈來愈多。此外，8月的暑假期間，不少店家會休息2～3週。

●免稅手續

義大利的商品價格，會內含4～22%的IVA（附加價值稅）。住在非歐盟國的旅客只要1天內在相同店家從事超過€154.94的購物時，就可以辦理規定的手續，享受購買金額的2～15%的退稅。但是，條件是必須為個人使用目的下的購買，以及出境時仍然是未使用的狀態。所有的手續都必須在購買月最後一日起的3個月內辦理。

①商店…在TAX FREE SHOPPING加盟店購物的合計金額超過規定金額後，就可以提示護照，請店家製作退稅文件。

②機場…要將免稅品托運時，在出境審查前的海關辦理手續。報到之後，帶著有行李標的行李到海關，出示登機證（或機票）、免稅文件、未使用的購買商品、護照、收據，蓋上海關印；而想要將免稅品帶進飛機時，則在出境審查後的海關辦理手續。在歐洲各國轉機時，則在轉機地的歐盟圈最後一國辦理手續。

③拿取現金…在當地機場內的退稅窗口，提交蓋有海關印的免稅文件後，當場便可以拿到現金的退稅，原則上拿到的是當地的通貨。希望匯入帳戶時，則將免稅文件裝入專用信封內，投入海關旁的郵筒裡。

其他服務…VASA或MASTER卡的擁有人，可以享受下列的服務。此時也需要在海關辦理手續。

城區退稅服務…在購買店家取得免稅文件後，可以在海關手續前，於市區的退稅辦公室享受到退稅的服務。

VAT-OFF服務…像是免稅店般，購買時先行扣除稅金額度再付款的服務，可以在發行免稅文件的同時辦理退稅。

※以上的免稅手續均為Global Blue的交易情況。
🌐www.globalblue.com

●飯店

●飯店的等級與種類

義大利的飯店（Albergo），由政府審定1～5顆星，豪華度則分為6個階段排名，住宿費用也和星星數量等比。2星以下設備稍差，部分飯店客房內可能會沒有冰箱或淋浴設備，但房間可能既整潔又寬敞。星星的數量本來就只是一項參考，並不是由服務的好壞來評等的。

●小費

高級飯店最好要給小費，以表示對於服務的感謝心意。小費也是和飯店員工溝通的利器，因此給小費應該可以享受較好的服務。低廉的住宿處通常不必給小費，但如果請飯店幫忙做些事情時，就別忘了表示心意。

・請門房小弟幫忙提行李到房間
→拿到行李時，1件行李€1
・請禮賓人員代訂餐廳
→訂好後€5左右

●禮儀

除了客房內之外，飯店也等同於街上都是公共空間，因此不要穿拖鞋進出走廊和大廳，也不要大聲說話。此外，洗衣服時要晾在浴室內，不可以晾在陽台上。希望晚起時，需在房外掛上「NON DISTURBARE, PER FAVORE」牌。

●入住／退房

一般入住時間在14時左右，但是太晚入住時可能會被取消訂房，因此如果會在18時左右才入住時，訂房時最好先行告知預定的入住時間。退房時間大部分飯店都訂在12時。

●住宿稅

義大利各都市都引進了以觀光客為對象的住宿稅，每1晚為單位課稅，稅額視時期和飯店的等級、幾晚等而異，但威尼斯的稅額為€1～5、米蘭則為€2～5。

小小資訊 3星級以上的飯店可以在國內旅行社訂房，但低於3星的飯店需要使用訂房網站訂房。

突發狀況應對方式

在全世界觀光客匯集的義大利國內，需特別留意以觀光客為目標的犯罪。犯罪手法種類很多，包含竊取現金和護照的扒手，以及飛車搶劫等。

 生病時

不要猶豫立刻去醫院。可以要求飯店的櫃台幫忙安排醫生。聯絡參加的旅行社或加入的保險公司的當地窗口或中文的緊急服務，就可以幫忙介紹醫院。此外，國外的藥品可能不合體質，需攜帶常用藥品。

 遭竊、遺失時

●護照

先去警察局報案，索取失竊（或遺失）證明。再到我國駐當地的代表處辦理註銷手續後領取新的護照或回國用的入國證明書。

●信用卡

為了防止遭到冒用，先聯絡發卡銀行掛失信用卡。之後按照發卡銀行的指示行動。

●行李

向當地警察報案，取得失竊（遺失）證明。飯店內的失竊、遺失時，也需拿到飯店的證明。加保海外旅行傷害保險時，如果有攜帶物品特約，則在回國後儘速聯絡保險公司辦理手續。申請保險給付必須檢具當地警察發行的失竊（遺失）證明。

●安全對策

・不在犯罪率高的地方停留太久
較常發生犯罪的地方，通常是火車站周邊和地鐵、大型廣場、觀光名勝等觀光客集中的地區。不在車站周邊停留太久，在觀光名勝要特別注意行李。天色轉暗後，應極力避免單獨活動，尤其是不要行走在行人少的道路。
・貴重物品、包包、背包等的行李
貴重物品隨身最令人放心。包包本身要抱在前身，手抓住扣件部分。尤其是搭乘地鐵和巴士時，包包要用抱的，並保持在視力範圍內。另外，在車站和飯店櫃台、兌換處等地辦事時，包包絕對不可放置地下。
・不接受邀請
對於以中文或英文來攀談，邀請用餐或喝酒等都不能輕易點頭。此外，也不要吃喝他人送的飲食。

出發前Check

可上外交部領事事務局網站的旅外安全資訊頁面，確認當地治安狀況和旅遊警示分級。
📖 www.boca.gov.tw

旅遊便利貼

義大利

●駐義大利代表處（駐義大利台北代表處）
🏠 Viale Liegi, 17, 00198 Roma, Italia
📞 (06) 98262800
🕐 週一～週五，9時～17時30分；中午不休息
🚫 週六日、假日、過年期間　 MAP 別冊P9C3
●警察 📞 113、112
●救護車 📞 118、112
●消防隊 📞 115、112
●EU各國共通的緊急電話號碼 📞 112
●金融機關／信用卡公司
○Visa全球緊急服務中心
📞 0800-169-5189（免費求助電話／24小時服務）
○JCB卡
📞 00-800-3865-5486（免費服務熱線）
○美國運通卡
📞 886-2-2100-1266（免費服務熱線）
○Master卡
📞 1-800-55-7378（免費服務電話）

台灣

○義大利經濟貿易文化推廣辦事處
ITALIAN ECONOMIC, TRADE AND CULTURAL PROMOTION OFFICE
🏠 11012 臺北市基隆路1段333號18樓1808室
📞 (02) 2345-0320
📖 www.italy.org.tw
📞 03-3451-2721
●主要機場
○桃園國際機場
📞 03-273-5081（第一航廈）
📞 03-273-5086（第二航廈）
📖 www.taoyuan-airport.com/
○高雄國際航空站
📞 07-805-7631
📖 www.kia.gov.tw/
○航空公司
・中華航空
📞 412-9000（客服專線，手機加撥02）
📖 www.china-airlines.com.tw/
○長榮航空
📞 02-2501-1999
📖 www.evaair.com/zh-tw/index.html
○國泰航空
📞 02-2715-2333
📖 www.cathaypacific.com/cx/zh_TW.html
○香港航空
📞 00801853033
📖 www.hongkongairlines.com/zh_TW/homepage

小小資訊　應將現金與信用卡分開擺放，以將失竊的風險降至最低。投宿的飯店地址和電話號碼應記下，以備不時之需。

index

DAY TRIP（近郊）

時尚・可愛・慢步樂活旅

ララチッタ Lala Citta

MILANO VENEZIA

國家圖書館出版品預行編目（CIP）資料

米蘭.威尼斯／JTB Publishing, Inc.作；
江思翰翻譯. -- 第一版. -- 新北市：
人人，2015.08
面；公分. --（叩叩世界系列；4）
ISBN 978-986-461-014-3（平裝）
1.旅遊 2.義大利米蘭 3.義大利威尼斯

745.7729　　　　　　　104015064

LLM

【 叩叩世界系列 4 】

米蘭・威尼斯

作者／JTB Publishing, Inc.
翻譯／江思翰
編輯／廉凱評
發行人／周元白
排版製作／長城製版印刷股份有限公司
出版者／人人出版股份有限公司
地址／23145 新北市新店區寶橋路235巷6弄6號7樓
電話／（02）2918-3366（代表號）
傳真／（02）2914-0000
網址／http://www.jjp.com.tw
郵政劃撥帳號／16402311 人人出版股份有限公司
製版印刷／長城製版印刷股份有限公司
電話／（02）2918-3366（代表號）
經銷商／聯合發行股份有限公司
電話／（02）2917-8022
第一版第一刷／2015年8月
第一版第二刷／2019年3月
定價／新台幣380元

日本版原書名／ミラノ・ヴェネツィア
日本版發行人／秋田　守
Lala Citta Series
Title: MILANO VENEZIA
Copyright © 2015 JTB Publishing, Inc.
All rights reserved
First published in Japan in 2015 by JTB Publishing, Inc. Tokyo
Chinese translation rights arranged with JTB Publishing, Inc.
through CREEK & RIVER Co., Ltd. Tokyo
Chinese translation copyrights© 2019 by JenJen Publishing Co., Ltd.

人人出版好本事
提供旅遊小常識＆最新出版訊息
回答問卷還有送小贈品

部落格網址：http://www.jjp.com.tw/jenjenblog/

從這裡撕下

米蘭·威尼斯
別冊 **MAP**

CONTENTS

米蘭

威尼斯

MAP 符號標示

H 飯店	⑧ 銀行
ⓘ 旅客服務中心	⊤ 郵局
Ⓜ 地鐵站	⊞ 醫院
Ⓥ 水上巴士停靠站	⊗ 警局
✈ 機場	◆ 學校·市公所
♀ 巴士站	⛪ 教堂

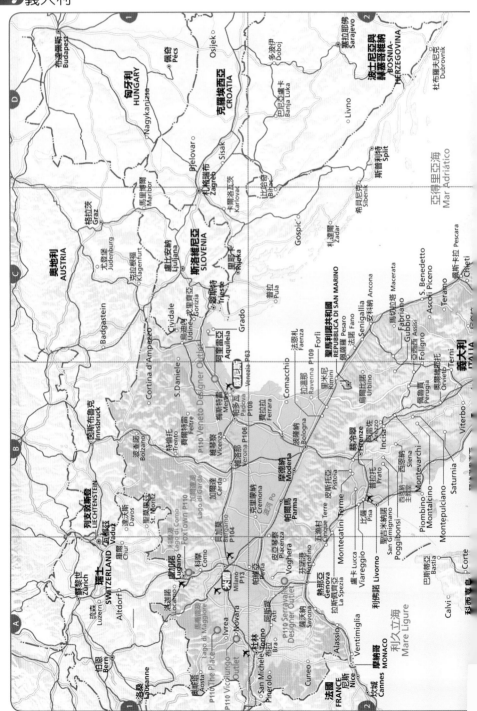

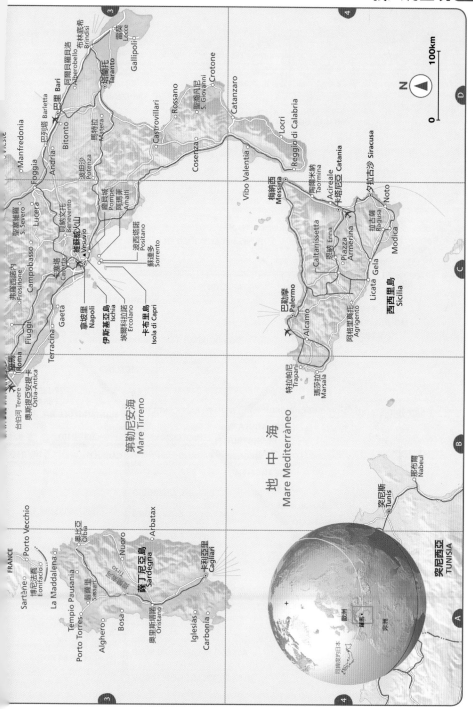

義大利全境地圖

3

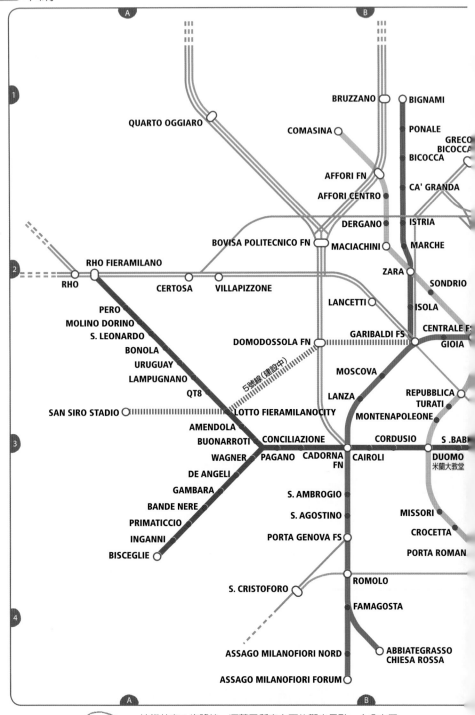

區域
Navi

地鐵共有3條路線,涵蓋了所有主要的觀光景點,十分方便。
治安雖然不錯,但人多時和深夜時需多加小心。

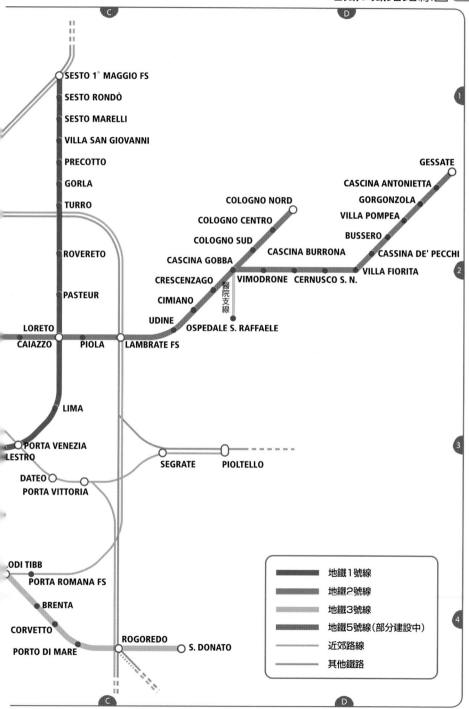

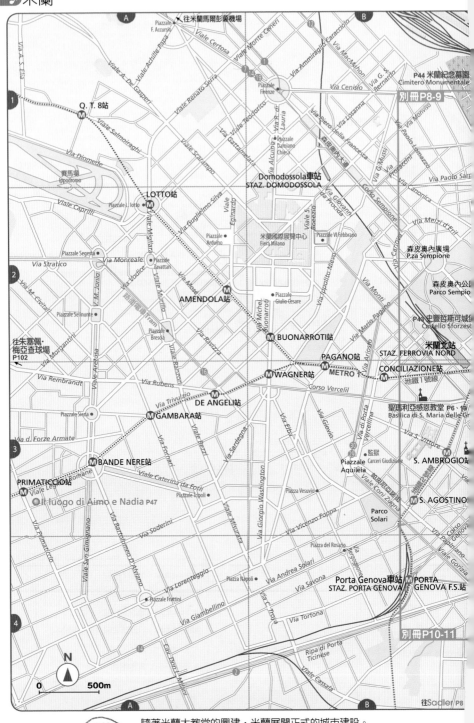

P44 米蘭紀念墓園
Cimitero Monumentale
別冊P8-9

往米蘭馬爾彭薩機場
Piazzale
F. Accursio

Q. T. 8站

LOTTO站

Domodossola車站
STAZ. DOMODOSSOLA

米蘭國際展覽中心
Fiera Milano

AMENDOLA站

BUONARROTI站

PAGANO站

森皮奧內廣場
P.za Sempione

森皮奧內公園
Parco Sempio

P45 史豐哲斯可城
Castello Sforzest

米蘭北站
STAZ. FERROVIA NORD

WAGNER站

METRO 1

CONCILIAZIONE站
地鐵1號線

DE ANGELI站

聖瑪利亞感恩教堂 P6、9
Basilica di S. Maria delle Gr

往朱塞佩·
梅亞查球場
P102

GAMBARA站

監獄
Carceri Giudiziarie

S. AMBROGIO站

BANDE NERE站

PRIMATICCIO站

Il luogo di Aimo e Nadia P47

Piazzale
Aquileia

S. AGOSTINO站

Parco
Solari

Porta Genova車站
STAZ. PORTA GENOVA

PORTA
GENOVA F.S.站

別冊P10-11

N

0   500m

往Sadler P8

區域
Navi

隨著米蘭大教堂的興建，米蘭展開正式的城市建設。
因此主要街道以米蘭大教堂為中心呈放射狀分布。

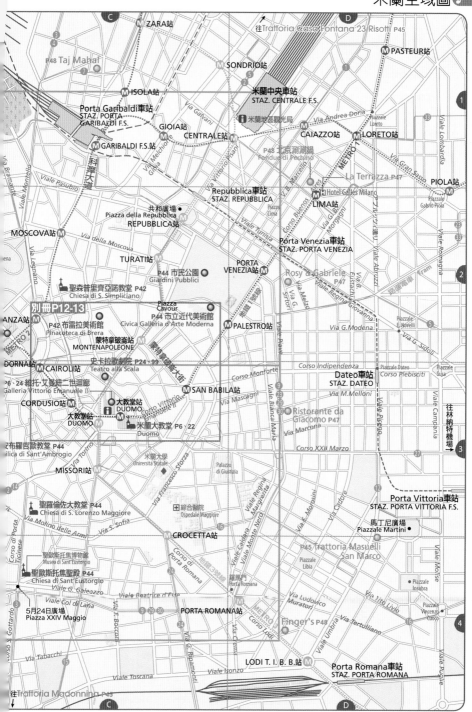

●觀光景點　●餐廳·咖啡廳　●商店　Ｈ飯店

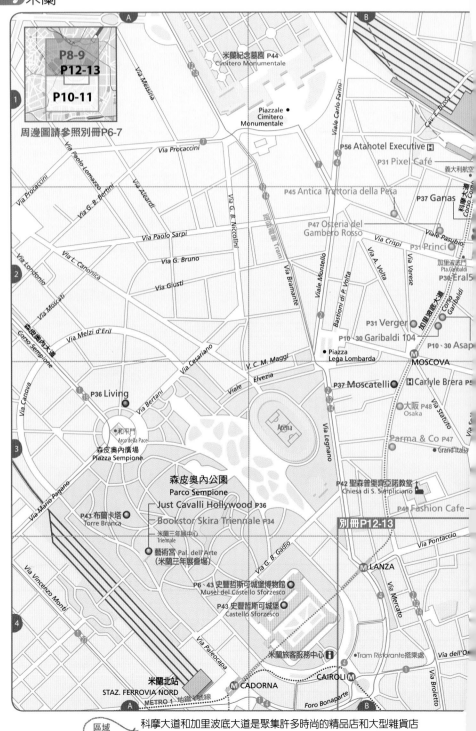

P8-9
P12-13
P10-11

周邊圖請參照別冊P6-7

米蘭記念墓園 P44
Cimitero Monumentale

Piazzale
Cimitero
Monumentale

Via Messina
Via Procaccini

Viale Carlo Farini

P56 Atahotel Executive Ⓗ

P31 Pixel Café

義大利航空

Via Paolo Lomazzo
Via G. B. Bertini
Via Aleardi
Via Procaccini

Via Atalanta
Via G. B. Niccolini

Via Paolo Sarpi
Via G. Bruno
Via L. Canonica

科摩電車道 Tram
Via Bramante

P45 Antica Trattoria della Pesa

科摩大道 Corso Como

P37 Ganas

P47 Osteria del
Gambero Rosso

Viale Pasubio

P31 Princi

Via Crispi

Via A. Volta

Via Varese

Viale Montello

加里波底門
Pta. Garibaldi

P30 Eral5

加里波底大道 Corso Garibaldi

Via Giusti

Bastioni di P. Volta

P31 Verger

P10、30 Garibaldi 104

P10、30 Asap

Via Londonio
Via Moscati

Via Melzi d'Eril

Via Cesariano

V. C. M. Maggi

Piazza
Lega Lombarda

MOSCOVA Ⓜ

Corso Sempione
森皮奧內大道

Viale Elvezia

P37 Moscatelli

Ⓗ Carlyle Brera P5

Via Canova

Via Bertani

P36 Living

和平門
Arco della Pace

森皮奧內廣場
Piazza Sempione

Arena

Via Legnano

Via Statuto

大阪
Osaka

Parma & Co P47

Grand'Italia

森皮奧內公園
Parco Sempione

Via Mario Pagano

P43 布蘭卡塔
Torre Branca

Just Cavalli Hollywood P36

Bookstor Skira Triennale P34

米蘭三年展中心
Triennale

藝術宮 Pal. dell'Arte
(米蘭三年會場)

P42 聖森普里亞諾教堂
Chiesa di S. Simpliciano

P49 Fashion Cafe

別冊P12-13

Via Pontaccio

Via Vincenzo Monti

Via G. B. Gadio

P6、43 史豐哲斯可城堡博物館
Musei del Castello Sforzesco

P43 史豐哲斯可城堡
Castello Sforzesco

Ⓜ LANZA

Via Mercato

Via Paleocapa

米蘭旅客服務中心 ⓘ

Tram Ristorante 搭乘處

Via dell'O

米蘭北站
STAZ. FERROVIA NORD

METRO 1 地鐵1號線

Ⓜ CADORNA

CAIROLI Ⓜ

Foro Bonaparte

Via Broletto

區域
Navi

科摩大道和加里波底大道是聚集許多時尚的精品店和大型雜貨店
的熱門區域。

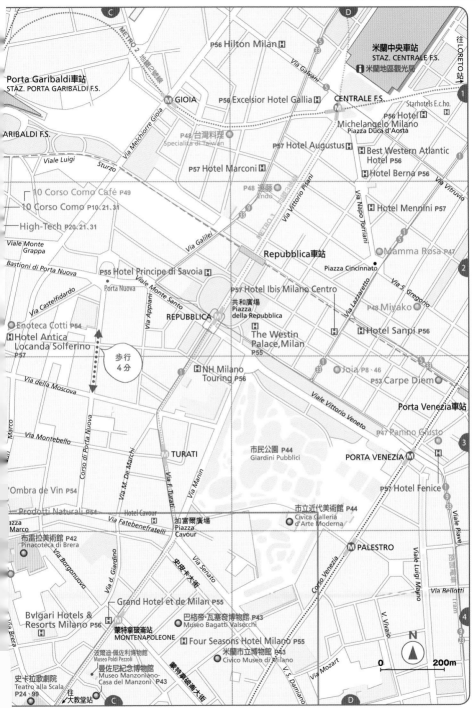

Porta Garibaldi車站
STAZ. PORTA GARIBALDI F.S.

P56 Hilton Milan H

米蘭中央車站
STAZ. CENTRALE F.S.
米蘭地區觀光局

往LORETO站

ARIBALDI F.S.

GIOIA

P56 Excelsior Hotel Gallia H

CENTRALE F.S.

Starhotels E.cho.

Viale Luigi

Sturzo

P48 台灣料理
Specialità di Taiwan

P57 Hotel Marconi

P56 Hotel
Michelangelo Milano
Piazza Duca d'Aosta

P57 Hotel Augustus

Best Western Atlantic
Hotel P56

10 Corso Como Café P49
10 Corso Como P10, 21, 31
High-Tech P20, 21, 31

Viale Monte
Grappa

P48 源藤
2ndo

Hotel Berna P56

Via Vitruvio

Hotel Mennini P57

Bastioni di Porta Nuova

Via Castelfidardo

P55 Hotel Principe di Savoia H

Repubblica車站

Piazza Cincinnato

Mamma Rosa P47

Porta Nuova

Enoteca Cotti P54

Hotel Antica
Locanda Solferino
P57

步行
4分

P57 Hotel Ibis Milano Centro

共和廣場
Piazza
della Repubblica

REPUBBLICA

Via Napo Torriani

Via Lazzaretto

Via S. Gregorio

P48 Miyako

Hotel Sanpi P56

Via della Moscova

The Westin
Palace, Milan
P55

Joia P8、46

Carpe Diem P53

Via Marco

Via Montebello

NH Milano
Touring P56

Viale Vittorio Veneto

Porta Venezia車站

P47 Panino Giusto

'Ombra de Vin P54

TURATI

市民公園 P44
Giardini Pubblici

PORTA VENEZIA

Prodotti Naturali P54

Via M. De Marchi

Via F. Turati

Via Manin

P57 Hotel Fenice

iazza
Marco

Hotel Cavour

Via Fatebenefratelli

加富爾廣場
Piazza
Cavour

Viale Piave

布雷拉美術館 P42
Pinacoteca di Brera

市立近代美術館 P44
Civica Galleria
d'Arte Moderna

PALESTRO

Via Borgonuovo

Via d. Giardino

Via Senato

Corso Venezia

Viale Luigi Majno

Via Bellotti

Bvlgari Hotels &
Resorts Milano P56

Grand Hotel et de Milan P55

巴格帝·瓦塞奇博物館 P43
Museo Bagatti Valsecchi

MONTENAPOLEONE
蒙特拿破崙站

Four Seasons Hotel Milano P55
米蘭市立博物館 P43
Civico Museo di Milano

V. Vivaio

Via Brera

波爾迪·佩佐利博物館
Museo Poldi Pezzoli

曼佐尼紀念博物館 P43
Museo Manzoniano·
Casa del Manzoni

N

史卡拉歌劇院
Teatro alla Scala
P24、99

往
大教堂站

Via Mozart

V.S. Damiano

0   200m

米蘭

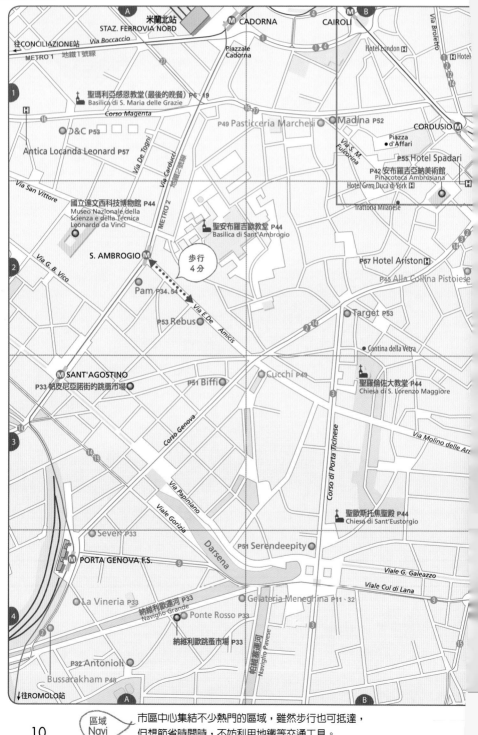

STAZ. FERROVIA NORD
米蘭北站
M CADORNA
CAIROLI

往CONCILIAZIONE站
METRO 1 地鐵1號線
Via Boccaccio
Piazzale Cadorna
Hotel London H
Via Broletto
H Hotel

1 聖瑪利亞感恩教堂(最後的晚餐) P6、19
Basilica di S. Maria delle Grazie
Corso Magenta
P49 Pasticceria Marchesi
Madina P52
CORDUSIO M

D&C P53
Piazza d'Affari
Via S. M. Fulcorina

Antica Locanda Leonard P57
P55 Hotel Spadari

P42 安布羅吉亞納美術館
Pinacoteca Ambrosiana

Via San Vittore
Hotel Gran Duca di York
H

國立達文西科技博物館 P44
Museo Nazionale della Scienza e della Tecnica Leonardo da Vinci
Trattoria Milanese

聖安布吉歐教堂 P44
Basilica di Sant'Ambrogio

S. AMBROGIO M
步行 4分
P57 Hotel Ariston H

2 Via G. B. Vico
P45 Alla Collina Pistoiese

Pam P34、54
Via E. De Amicis

P53 Rebus
Target P53

Cantina della Vetra

M SANT'AGOSTINO
Cucchi P49
聖羅倫佐大教堂 P44
Chiesa di S. Lorenzo Maggiore

P33 帕皮尼亞諾街的跳蚤市場
P51 Biffi

3 Corso Genova
Via Molino delle Ar

Via Papiniano
Corso di Porta Ticinese

Viale Gorizia
聖歐斯托焦聖殿 P44
Chiesa di Sant'Eustorgio

Seven P33
Darsena

M PORTA GENOVA F.S.
P51 Serendeepity
Viale G. Galeazzo
Viale Col di Lana

4 La Vineria P33
Gelateria Meneghina P11、32

納維利歐運河
Naviglio Grande
Ponte Rosso P33

納維利歐跳蚤市場 P33
Naviglio Pavese
帕維塞運河

P32 Antonioli

Bussarakham P48

往ROMOLO站

A
B

區域 Navi 　市區中心集結不少熱門的區域,雖然步行也可抵達,
但想節省時間時,不妨利用地鐵等交通工具。

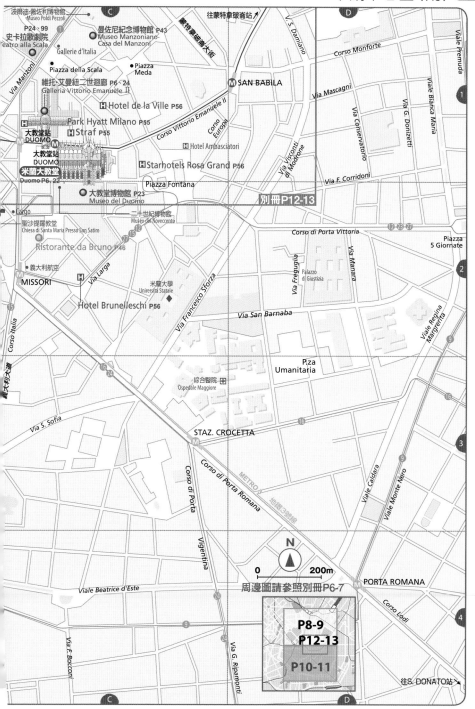

波爾迪·佩佐利博物館
Museo Poldi Pezzoli
P24、99
史卡拉歌劇院
Teatro alla Scala
Gallerie d'Italia

曼佐尼紀念博物館 P43
Museo Manzoniano-
Casa del Manzoni

往蒙特拿破崙站↗

V. S. Damiano

Viale Premuda

Corso Monforte

Via Marzoni

Piazza della Scala
維托·艾曼紐二世迴廊 P6、24
Galleria Vittorio Emanuele Ⅱ

Piazza
Meda

SAN BABILA

Via Mascagni

Via G. Donizetti

Viale Bianca Maria

Hotel de la Ville P56

Corso Vittorio Emanuele II

Corso
Europa

Via Conservatorio

Park Hyatt Milano P55

Straf P55

Via Visconti di Modrone

大教堂站
DUOMO

Hotel Ambasciatori

Hotel Ambasciatori

Via F. Corridoni

大教堂站
DUOMO

米蘭大教堂
Duomo P6、22

Starhotels Rosa Grand P56

Piazza Fontana

別冊P12-13

Largo

大教堂博物館 P23
Museo del Duomo

聖沙提羅教堂
Chiesa di Santa Maria Presso San Satiro

二十世紀博物館
Museo del Novecento

Corso di Porta Vittoria

Piazza
5 Giornate

Ristorante da Bruno P46

Via Larga

Via Freguglia

Palazzo
di Giustizia

Via Manara

義大利航空

米蘭大學
Università Statale

MISSORI

Via Francesco Sforza

Via San Barnaba

Viale Regina Margherita

Hotel Brunelleschi P56

Corso Italia

P.za
Umanitaria

Via S. Sofia

綜合醫院
Ospedale Maggiore

STAZ. CROCETTA

Viale Caldara

Viale Monte Nero

Corso di Porta

Corso di Porta Romana

METRO 地下鐵3號線

N
0   200m
周邊圖請參照別冊P6-7

PORTA ROMANA

Vigentina

Corso Lodi

Viale Beatrice d'Este

P8-9
P12-13

P10-11

往S. DONATO站↗

Via F. Bocconi

Via G. Ripamonti

●觀光景點　●餐廳·咖啡廳　●商店　Ⓗ飯店

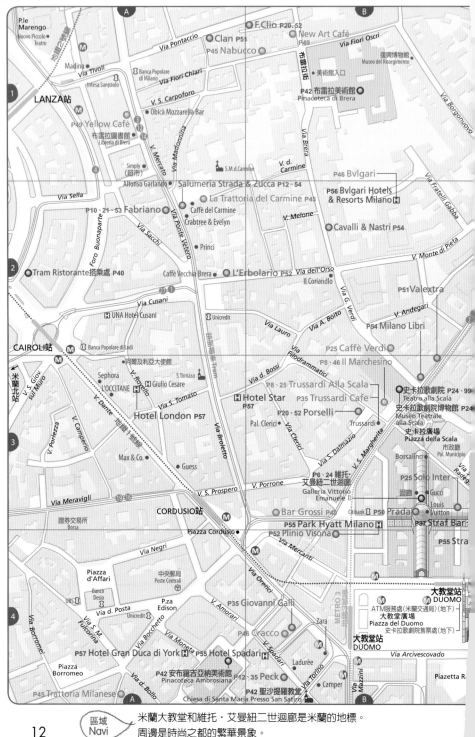

P.le Marengo
Nuovo Piccolo Teatro

Via Tivoli
Madina

Via Pontaccio
Clan P51
P45 Nabucco

F.Clio P20、52
New Art Café
P49

Via Fiori Oscri

Via Fiori Chiari
Banca Popolare di Milano

布蘭拉街
美術館入口

復興博物館
Museo del Risorgimento

Intesa Sanpaolo

Via V. S. Carpoforo

P42 布雷拉美術館
Pinacoteca di Brera

LANZA站

Obicà Mozzarella Bar

P49 Yellow Café
布雷拉圖書館
Libreria di Brera

Simply（超市）

S.M.d.Carmine

Via Brera

V. d. Carmine

P46 Bvlgari

Alfonso Garlando
Salumeria Strada & Zucca P12、54

La Trattoria del Carmine P45

P56 Bvlgari Hotels & Resorts Milano

Via Sella

P10、21、53 Fabriano

Caffè del Carmine

Crabtree & Evelyn

V. Melone

Cavalli & Nastri P54

Via Sacchi

Princi

Via Monte di Pietà

Tram Ristorante 搭乘處 P40

Caffè Vecchia Brera
L'Erbolario P52
Il Coriandlo

Via dell'Orso

P51 Valextra

Via Cusani

UNA Hotel Cusani
Unicredit

Via Lauro

V. Andegari

P54 Milano Libri

CAIROLI站
Banca Popolare di Lodi

阿爾及利亞大使館

Via d. Bossi

Via A. Boito

Via Filodrammatici
P25 Caffè Verdi
P8、46 Il Marchesino

Sephora
L'OCCITANE
S.Tomaso
Giulio Cesare

P8、25 Trussardi Alla Scala

史卡拉歌劇院 P24、99
Teatro alla Scala

Hotel Star P57
P35 Trussardi Cafe

史卡拉歌劇院博物館 P24
Museo Teatrale alla Scala

Hotel London P57
P20、52 Porselli

Trussardi

史卡拉廣場
Piazza della Scala

Max & Co.
Guess

Borsalino

市政廳
Pal. Municipio

V. S. Prospero
V. Porrone

P6、24 維托・艾曼紐二世迴廊
Galleria Vittorio Emanuele II

P25 Solo Inter

Gucci
迴廊
Louis Vuitton

Via Meravigli
證券交易所 Borsa

CORDUSIO站

Bar Grossi P49
Credit P50 Prada

P37 Straf Bar

P55 Park Hyatt Milano

Piazza Cordusio
P52 Plinio Visonà

P55 Stra

Via Mercanti

Piazza d'Affari

UBS
Banco Desio

中央郵局
Poste Centrali

P.za Edison
Unicredit

Via Orefici

P35 Giovanni Galli

大教堂站
DUOMO

ATM服務處（米蘭交通局）（地下）
大教堂廣場
Piazza del Duomo
史卡拉歌劇院售票處（地下）

Via d. Posta

Via Amorari

Zara

大教堂站
DUOMO

Piazza Borromeo

P46 Cracco

P57 Hotel Gran Duca di York
P55 Hotel Spadari

Ladurèe

Via Arcivescovado

P42 安布羅吉亞納美術館
Pinacoteca Ambrosiana
P12、35 Peck

Camper

Piazzetta R.

P45 Trattoria Milanese
P42 聖沙提羅教堂
Chiesa di Santa Maria Presso San Satiro

區域 Navi
米蘭大教堂和維托・艾曼紐二世迴廊是米蘭的地標。
周邊是時尚之都的繁華景象。

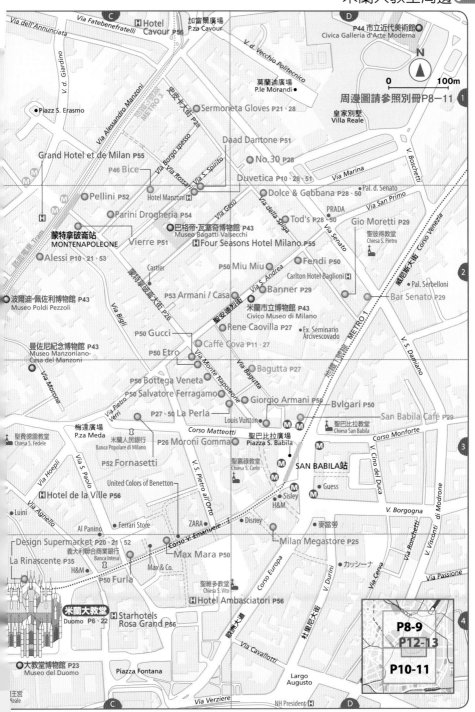

Via dell'Annunciata
Via Fatebenefratelli
H Hotel Cavour P56
加富爾廣場 P.za Cavour
V. d. Vecchio Politecnico
P.44 市立近代美術館 Civica Galleria d'Arte Moderna
N
0   100m
莫蘭迪廣場 P.le Morandi
周邊圖請參照別冊P8~11
皇家別墅 Villa Reale
Piazz S. Erasmo
Via Alessandro Manzoni
Via del Giardino
Via Boschetti
Via Marina
Sermoneta Gloves P21、28
Daad Dantone P51
Grand Hotel et de Milan P55
No.30 P28
P46 Bice
Via S. Rossari
Via S. Spirito
Duvetica P10、20、51
Via Borgo spesso
Via della Spiga
Pellini P52
Hotel Manzoni H
Dolce & Gabbana P28、50
Pal. d. Senato
Via San Primo
Parini Drogheria P54
Via Gesù
Tod's P28、50
PRADA
Gio Moretti P29
蒙特拿破崙站 MONTENAPOLEONE
巴格帝·瓦塞奇博物館 P43 Museo Bagatti Valsecchi
Via Senato
聖彼得教堂 Chiesa S. Pietro
Vierre P51
H Four Seasons Hotel Milano P55
Alessi P10、21、53
Cartier
Miu Miu P50
Via S. Andrea
Fendi P50
Carlton Hotel Baglioni
波爾迪·佩佐利博物館 P43 Museo Poldi Pezzoli
Via Bigli
Armani / Casa P53
Banner P29
Bar Senato P29
Pal. Serbelloni
米蘭市立博物館 P43 Civico Museo di Milano
Rene Caovilla P27
Ex. Seminario Arcivescovado
Corso Venezia
曼佐尼紀念博物館 P43 Museo Manzoniano-Casa del Manzoni
P50 Gucci
Caffè Cova P11、27
V. S. Damiano
Via Morone
P50 Etro
Via Monte Napoleone
Via Bagutta
Bagutta P27
P50 Bottega Veneta
P50 Salvatore Ferragamo
Giorgio Armani P50
Bvlgari P50
San Babila Café P29
Via Pietro Verri
P27、50 La Perla
Louis Vuitton
聖巴比諾教堂 Chiesa San Babila
梅達廣場 P.za Meda
米蘭人民銀行 Banca Popolare di Milano
Corso Matteotti
聖巴比拉廣場 Piazza S. Babila
Corso Monforte
P26 Moroni Gomma
聖嘉祿教堂 Chiesa S. Carlo
SAN BABILA站
V. Cino del Duca
聖費德雷教堂 Chiesa S. Fedele
Via S. Paolo
Fornasetti P52
V. S. Pietro all'Orto
Guess
Via Hoepli
United Colors of Benetton
H Hotel de la Ville P56
Sisley H&M
V. Borgogna
Via Agnello
Luini
Al Panino
Ferrari Store
ZARA
Disney
麥當勞
Milan Megastore P25
Design Supermarket P20、21、52
義大利聯合商業銀行 Banca Intesa
Corso V. Emanuele
Max Mara P50
V. Ronchetti
V. Visconti di Modrone
La Rinascente P35
H&M
Max & Co.
Corso Europa
カッシーナ
V. Durini
V. Cerva
Via Passione
P50 Furla
聖維多教堂 Chiesa S. Vito
H Hotel Ambasciatori P56
米蘭大教堂 Duomo P6、22
H Starhotels Rosa Grand P56
Via Cavallotti
歐洲大道
杜里尼大街
P8-9
P12-13
P10-11
大教堂博物館 P23 Museo del Duomo
Piazza Fontana
Largo Augusto
王宮 Reale
Via Verziere
NH President H

● 觀光景點   ◎ 餐廳·咖啡廳   ● 商店   H 飯店

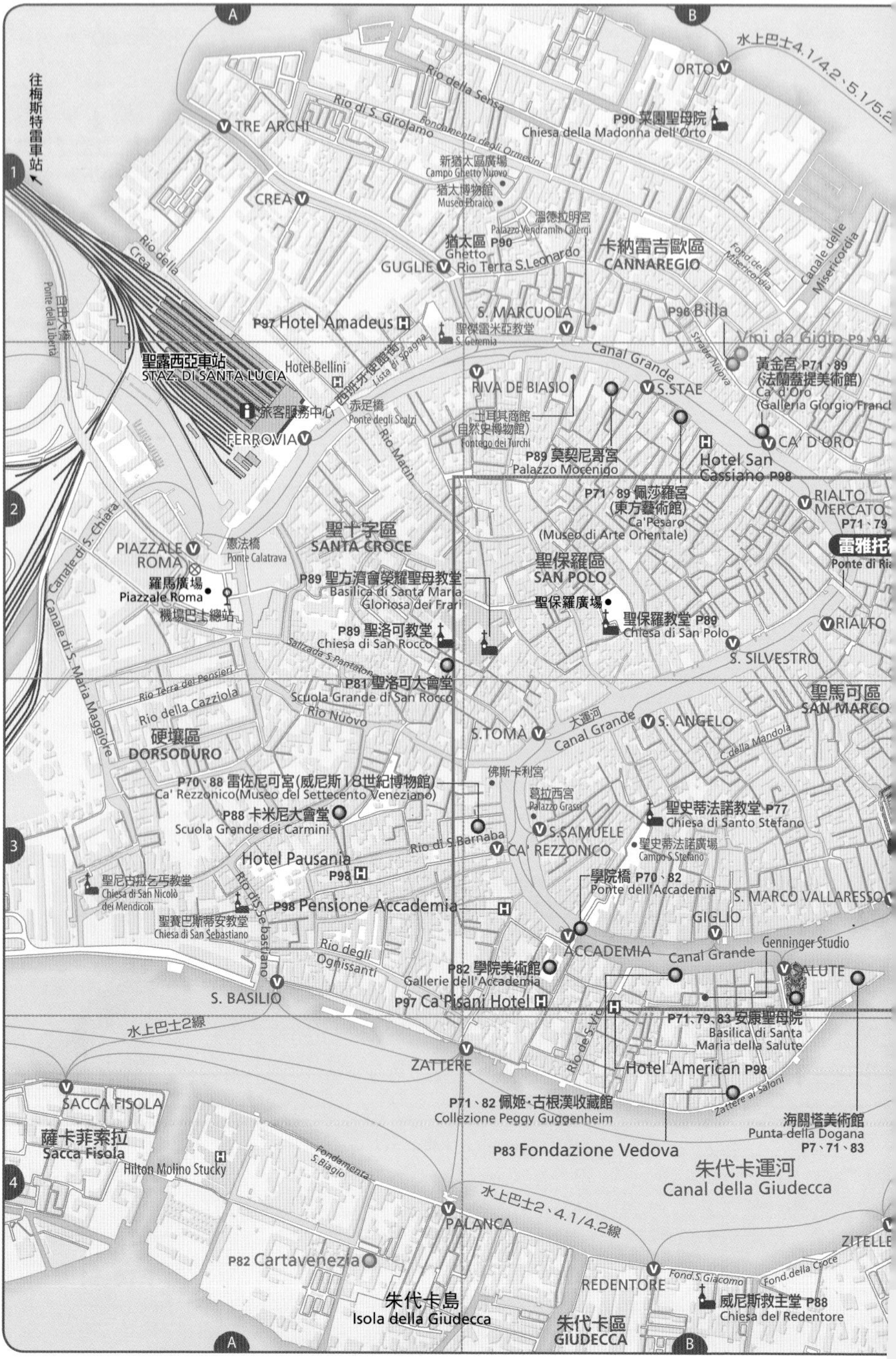
往梅斯特雷車站
水上巴士4.1/4.2、5.1/5.2
ORTO
P90 菜園聖母院
Chiesa della Madonna dell'Orto
TRE ARCHI
Rio della Sensa
Rio di S. Girolamo
Fondamenta degli Ormesini
新猶太區廣場
Campo Ghetto Nuovo
猶太博物館
Museo Ebraico
CREA
溫德拉明宮
Palazzo Vendramin Calergi
猶太區 P90
Ghetto
卡納雷吉歐區
CANNAREGIO
GUGLIE
Rio Terra S.Leonardo
Rio della Crea
自由大橋
Ponte della Libertà
P97 Hotel Amadeus
聖傑雷米亞教堂
S.Geremia
S. MARCUOLA
P96 Billa
Vini da Gigio P9、94
Canale delle Misericordia
Fond.della Misericordia
Canal Grande
Strada Nuova
聖露西亞車站
STAZ. DI SANTA LUCIA
Hotel Bellini
西班牙使館街
Lista di Spagna
RIVA DE BIASIO
S.STAE
黃金宮 P71、89
(法蘭蓋提美術館)
Ca' d'Oro
(Galleria Giorgio Franch
旅客服務中心
赤足橋
Ponte degli Scalzi
土耳其商館
(自然史博物館)
Fontego dei Turchi
CA' D'ORO
FERROVIA
Rio Marin
P89 莫契尼哥宮
Palazzo Mocenigo
Hotel San Cassiano P98
P71、89 佩莎羅宮
(東方藝術館)
Ca'Pesaro
(Museo di Arte Orientale)
RIALTO MERCATO
P71、79
雷雅托
Ponte di Ria
聖十字區
SANTA CROCE
Canale di S. Chiara
PIAZZALE ROMA
憲法橋
Ponte Calatrava
聖保羅區
SAN POLO
羅馬廣場
Piazzale Roma
機場巴士總站
P89 聖方濟會榮耀聖母教堂
Basilica di Santa Maria Gloriosa dei Frari
聖保羅廣場
聖保羅教堂 P89
Chiesa di San Polo
RIALTO
P89 聖洛可教堂
Chiesa di San Rocco
Salizada S.Pantalon
S. SILVESTRO
P81 聖洛可大會堂
Scuola Grande di San Rocco
Rio Terra dei Pensieri
Rio della Cazziola
Rio Nuovo
Canale di S. Maria Maggiore
聖馬可區
SAN MARCO
大運河
Canal Grande
S. ANGELO
硬壤區
DORSODURO
S.TOMA
C.della Mandola
佛斯卡利宮
P70、88 雷佐尼可宮(威尼斯18世紀博物館)
Ca' Rezzonico(Museo del Settecento Veneziano)
葛拉西宮
Palazzo Grassi
聖史蒂法諾教堂 P77
Chiesa di Santo Stefano
P88 卡米尼大會堂
Scuola Grande dei Carmini
S.SAMUELE
Rio di S.Barnaba
CA' REZZONICO
聖史蒂法諾廣場
Campo S.Stefano
Hotel Pausania
P98
聖尼古拉乞丐教堂
Chiesa di San Nicolò dei Mendicoli
學院橋 P70、82
Ponte dell'Accademia
Rio di S. Sebastiano
P98 Pensione Accademia
S. MARCO VALLARESSO
聖賽巴斯蒂安教堂
Chiesa di San Sebastiano
GIGLIO
ACCADEMIA
Canal Grande
Genninger Studio
Rio degli Ognissanti
P82 學院美術館
Gallerie dell'Accademia
SALUTE
S. BASILIO
P97 Ca'Pisani Hotel
水上巴士2線
P71、79、83 安康聖母院
Basilica di Santa Maria della Salute
Rio de S.Vio
ZATTERE
Hotel American P98
Zattere ai Saloni
SACCA FISOLA
P71、82 佩姬·古根漢收藏館
Collezione Peggy Guggenheim
海關塔美術館
Punta della Dogana
P7、71、83
薩卡菲索拉
Sacca Fisola
P83 Fondazione Vedova
Hilton Molino Stucky
Fondamenta S.Biagio
朱代卡運河
Canal della Giudecca
水上巴士2、4.1/4.2線
PALANCA
ZITELLE
P82 Cartavenezia
REDENTORE
Fond.S.Giacomo
Fond.della Croce
朱代卡島
Isola della Giudecca
威尼斯救主堂 P88
Chiesa del Redentore
朱代卡區
GIUDECCA
A
B
1
2
3
4

區域Navi

大運河上有許多船隻來來往往，是威尼斯的交通要道。
可搭乘貢多拉進入縱橫交錯的河道。

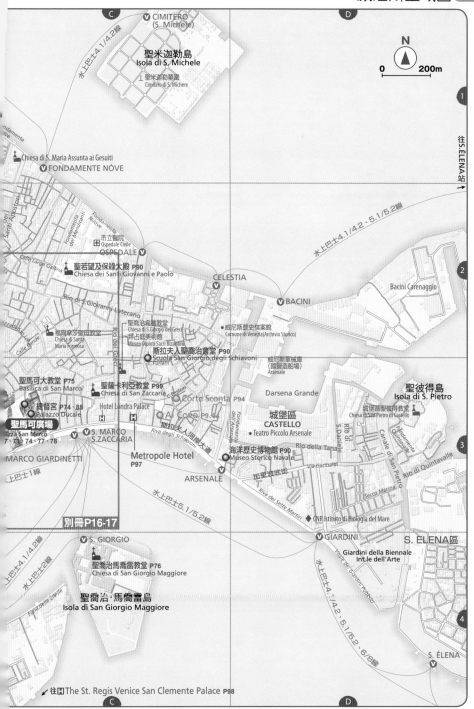

CIMITERO
(S. Michele)
水上巴士4.1/4.2線

聖米迦勒島
Isola di S. Michele
│ 聖米迦勒墓園
Cimitero di S. Michere

N
0   200m

Chiesa di S. Maria Assunta ai Gesuiti
FONDAMENTE NÓVE

往S.ÉLENA站→

水上巴士4.1/4.2、5.1/5.2線

市立醫院
Ospedale Civile
OSPEDALE

CELESTIA

Bacini Carenaggio

聖若望及保祿大殿 P90
Chiesa dei Santi Giovanni e Paolo

BACINI

福爾摩莎聖母教堂
Chiesa di Santa
Maria Formosa

聖喬治希臘教堂
Chiesa di S.Giorgio dei Greci
拜占庭美術館
Museo Dipinti Sacri Bizantini

威尼斯歷史檔案館
Comune di Venezia(Archivio Storico)

斯拉夫人聖喬治會堂 P90
Scuola San Giorgio degli Schiavoni

威尼斯軍械庫
(國營造船場)
Arsenale

聖彼得島
Isola di S. Pietro

聖馬可大教堂 P75
Basilica di San Marco

聖薩卡利亞教堂 P90
Chiesa di San Zaccaria

Darsena Grande

城堡區聖彼得教堂
Chiesa di San Pietro di Castello

總督宮 P74、88
Palazzo Ducale

Corte Sconta P94

Hotel Londra Palace

城堡區
CASTELLO

聖馬可廣場
zza San Marco
7、73、74、77、78

AI Covo P94

斯拉夫人河岸大道

Teatro Piccolo Arsenale

S. MARCO
S.ZACCARIA

Riva degli Schiavoni

Rio della Tana

MARCO GIARDINETTI

水上巴士1線

Metropole Hotel
P97

海洋歷史博物館 P90
Museo Storico Navale

加里波底街
Via Garibaldi

Canale di San Pietro

Rio di Quintavalle

別冊P16-17

ARSENALE

Secco Marina

Riva dei Sette Martiri

CNR Istituto di Biologia del Mare

S. GIORGIO

水上巴士5.1/5.2線

GIARDINI

S. ELENA區

水上巴士4.1/4.2線
水上巴士4.1/4.2線

聖喬治馬喬雷教堂 P76
Chiesa di San Giorgio Maggiore

Giardini della Biennale
Int.le dell'Arte

聖喬治・馬喬雷島
Isola di San Giorgio Maggiore

水上巴士4.1/4.2、5.1/5.2、6/8線

S. ÉLENA

往The St. Regis Venice San Clemente Palace P98

● 觀光景點　● 餐廳・咖啡廳　● 商店　H 飯店

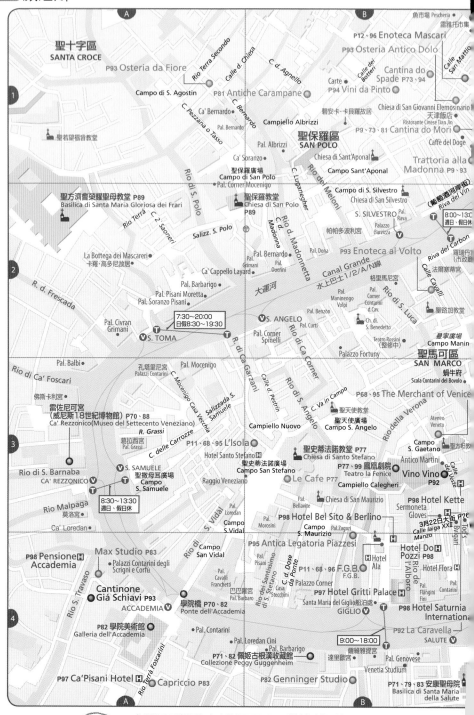

區域 Navi

以聖馬可廣場為中心的聖馬可區，錯綜複雜的巷弄內
有許多私房的餐館和商店。

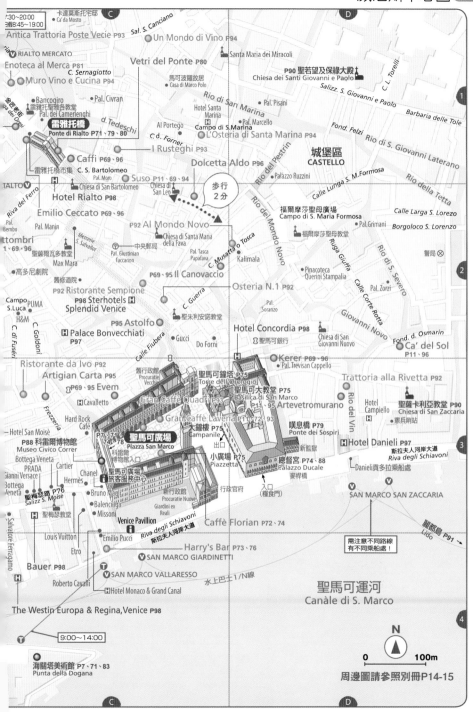

觀光景點　餐廳·咖啡廳　商店　飯店　渡船(Traghetto)

17

♪威尼斯

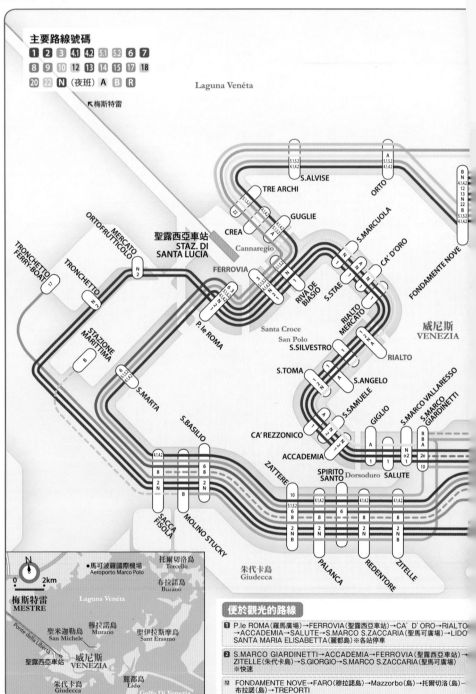

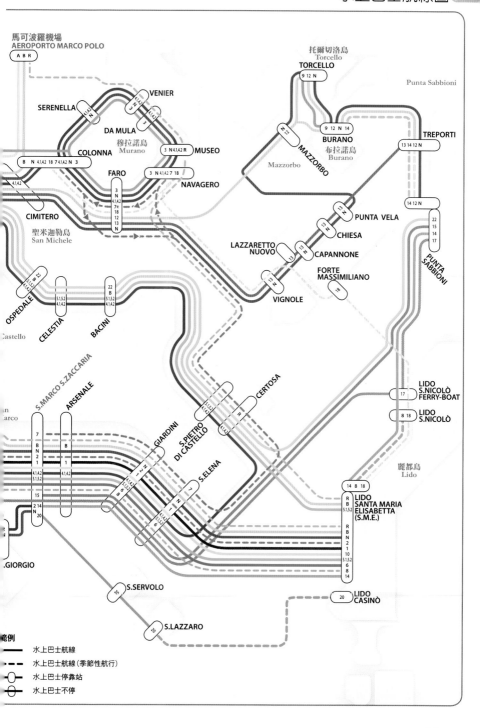

情境 簡單義大利會話

Scene 1 打招呼

你好
Buongiorno.

再見
Arriveder La.

謝謝
Grazie.

對不起
Mi scusi.

是
Si.

不是
No.

Scene 2 在餐廳

兩位，有位子嗎？
Ç un tavolo per due?

請給我菜單
Posso avere il menu, per favore?

推薦的菜色是？
Che cosa consiglia?

請給我招牌紅酒
Vorrei del vino ross della casa.

有葡萄酒單嗎？
Avete la lista dei vini?

這不是我點的
Non ho ordinato questo.

麻煩買單
Il conto, per favore.

請幫我叫計程車
Puo chiamarmi un taxi?

Scene 3 在商店

這個多少錢？
Quanto costa?

請給我這個
Prendo questo.

我自己看看，謝謝
Sto solo guardando. Grazie.

我可以拿起來看嗎？
Posso toccare?

Scene 4 觀光時

車站在哪裡？
Dove la stazione dei treni?

在哪裡買票？
Dove posso comprare un biglietto?

Scene 5 搭計程車

請載我到●●飯店
Al ●● Hotel, per favore.

請在這邊停車
Si fermi qui, per favore.

常用單字 貼心整理♪

數字・單字

1…uno
2…due
3…tre
4…quattoro
5…cinque
6…sei
7…sette
8…otto
9…nove

車站…stazione
機場…aeroporto
往～…per
出發…partenza
抵達…arrivo

車資…tariffa
營業中…aperto
打烊…chiuso
出口…uscita
入口…ingresso
廁所…bagno

匯率 €1≒**35.85**台幣
（2015年8月時）

先寫下來吧♪ 兌換時的匯率
€1 ≒ [　　　] 台幣